列车高速过站气动效应及站台安全防护

王志飞　李　樊　主编

北京航空航天大学出版社

内 容 简 介

本书是一本专门探讨高速列车通过站台时所产生的气动效应及安全防护技术的学术专著。首先,介绍了高速铁路发展现状、高速过站空气动力学研究现状及研究方法;其次,介绍了计算流体力学的相关理论知识,并通过实例对数值模拟计算方法和过程进行了初步的说明;接着,通过高速列车过地面站数值仿真模拟、不同因素下站台连续体表面风压变化、高速铁路列车过站风载荷效应的试验研究等内容详细介绍了数值仿真模拟方法、仿真技术和现场实测条件下不同工况下站台门表面压力变化情况;最后,论述了针对不同类型站台的气动防护措施、站台安全防护设备形式及发展趋势。

本书适合高速铁路站房工程、站台安全防护设备工程、高速铁路气动效应等领域的科研、设计、试验、运营组织管理和科研院所等相关技术人员和师生阅读和参考。

图书在版编目(CIP)数据

列车高速过站气动效应及站台安全防护 / 王志飞,李樊主编. -- 北京 : 北京航空航天大学出版社,2024.7. -- ISBN 978 - 7 - 5124 - 4478 - 2

Ⅰ. U459.1

中国国家版本馆 CIP 数据核字第 2024Y3M840 号

列车高速过站气动效应及站台安全防护
王志飞 李 樊 主编
策划编辑 董宜斌 责任编辑 杨 昕
*
北京航空航天大学出版社出版发行
北京市海淀区学院路 37 号(邮编 100191) http://www.buaapress.com.cn
发行部电话:(010)82317024 传真:(010)82328026
读者信箱:copyrights@buaacm.com.cn 邮购电话:(010)82316936
北京富资园科技发展有限公司印装 各地书店经销
*
开本:710×1 000 1/16 印张:11.5 字数:232 千字
2024 年 7 月第 1 版 2024 年 7 月第 1 次印刷
ISBN 978 - 7 - 5124 - 4478 - 2 定价:99.00 元

若本书有倒页、脱页、缺页等印装质量问题,请与本社发行部联系调换。联系电话:(010)82317024

编　委　会

序

随着现代高速铁路的快速发展,列车运行速度不断提高,列车高速过站时产生的气动效应对站台环境、设施以及乘客安全的影响日益显著。高速铁路不仅在改变交通运输模式,更为相关技术研究提出了全新的课题和挑战。作为高速铁路技术领域的一个重要课题,列车高速过站的气动效应及其所引发的安全问题日益引起社会各界和学术界的广泛关注。列车高速通过站台时,气动效应会对周围环境产生复杂的影响。气流冲击、压力波动、涡流等现象,不仅影响站台上乘客的舒适性,还可能对设施设备造成损害,更为严重的是可能危及乘客的生命安全。因此,如何有效预测、分析和防范这些气动效应,已经成为保障高速铁路安全运营的关键。

本书详细探讨了列车高速过站时的气动效应机理,结合理论分析与实验数据,深入剖析了气动负压、压力波以及风场等现象的产生与传播规律。同时,本书还通过大量的数值模拟和实验研究,提出了有效的站台防护措施和技术方案,以期为高速铁路站台安全设计提供理论支持与技术依据。

本书针对我国高速铁路列车过站时产生的气动效应及安全防护技术进行系统性研究,是行业内首本对列车高速过站空气动力学及安全防护技术的全面论述的专著。

本书共分为 6 章:第 1 章,介绍了气动效应研究的目的及意义、国内外高速铁路发展现状、国内外对于高速列车过站空气动力学问题的研究现状以及主流的列车过站空气动力学研究方法;第 2 章,详细论述了理论计算的数学理论模型、由此衍生的数值计算方法以及计算流体力学实际应用的方法;第 3 章,详细介绍了高速列车过地面车站站台时数值模拟计算需要进行的模型建立、参数设置和结果分析等步骤,以典型计算工况为例论述了模拟仿真计算的全部流程;第 4 章,介绍了高速列车过站时,列车过站速度、站台门设置距离、过站车型、地面站站台雨棚等不同因素对于站台连续体表面风压的影响情况;第 5 章,结合实际测试项目介绍了与列车高速过站气动效应相关的线路试验内容,包括测试内容、测试方法、测试方案、测试原理以及与对应仿真结果进行数据对比的数据分析内容;第 6 章,论述了高速铁路站台安全防护研究的相关内容,包括国内外研究现状、传统及新型站台防护设备形式以及站台防护设备未来发展趋势。

本书在编撰过程中得到了北京航空航天大学、内蒙古工业大学、中铁第四勘察设计院集团有限公司、珠三角城际公司等合作单位的大力支持,在此对以上单位及所有参与本书编撰的人员表示感谢。鉴于作者水平有限,书中难免有不足之处,敬请广大读者批评指正。

最后,衷心感谢所有为本书出版付出努力的人士和研究人员,也希望本书能对读者有所启发。

作　者

2024 年 5 月于北京

目　　录

第1章 绪 论

1.1 研究的目的及意义

2021年,中共中央、国务院印发《国家综合立体交通网规划纲要》,明确提出到 2035年,基本建成便捷顺畅、经济高效、绿色集约、智能先进、安全可靠的现代化高质量国家综合立体交通网,实现国际国内互联互通、全国主要城市立体畅达、县级节点有效覆盖,有力支撑"全国123出行交通圈"(都市区1小时通勤、城市群2小时通达、全国主要城市3小时覆盖)和"全球123快货物流圈";交通基础设施质量、智能化与绿色化水平居世界前列;交通运输全面适应人民日益增长的美好生活需要,有力保障国家安全,支撑我国基本实现社会主义现代化的发展目标。

随着国内高速铁路建设热潮的兴起,各种造型新颖、布局复杂的大型交通枢纽客站陆续建成。这些客站采用了多种新型结构形式,风荷载成为其正常使用及安全运营的主要影响因素之一。列车以较高的速度在隧道内运行时,会产生一系列空气动力学效应。其中列车风就是较为明显的气动现象之一。列车运行时会带动其周围的空气随之一起运动,从而形成列车风。当列车进入隧道之后还将产生活塞风,使列车周围的流场更加复杂。隧道内列车风及其他气动现象早在20世纪70年代就引起了国外研究者的关注。

高速列车运行带来的空气动力学问题对站台的影响主要表现在列车通过时产生的诱导气流对列车附近的环境或人员产生的负面影响。特别是高速列车风对人体的气动作用力会危及路边行人或作业人员的人身安全。

当前,我国高速铁路正在快速发展,高速列车作为新型快速的交通工具,在高速运行时与周围空气相互作用,产生列车风,对站台上乘客的舒适性产生重要影响,甚至威胁候车乘客的安全。站台安全防护系统安装在站台边缘,将站台公共区与轨行区实现特定隔离,能有效避免安全事故的发生,降低列车风对乘客及站台物品的影响,保证列车进出站速度,提高运输效率和整个铁路系统的可靠性。

与此同时,我国铁路行业存在不同列车车型、不同编组方式、不同运营速度、不同站台形式和站台门结构类型等众多工况;站台设置站台安全防护装置后,列车高速过站的有效泄压空间被缩小,列车风的影响范围发生改变,瞬态压力波会对站台安全防护装置产生冲击;对不同车型、编组方式的列车高速过站时产生的气动效应,以及该气动效应对不同站台结构、不同形式的站台门系统等地面设备产生的影响程度开展研究,对于把握站台安全防护装置距轨道线的合理安装距离对站台门结构强度、节省站台活动空间以及降低列车风对乘客的影响具有重要意义。

① 对高速列车过站时产生的列车风进行研究可以提高站台的安全性。了解列车风的影响,可以帮助车站管理者采取相应的措施,如设置安全警示标识、加强站台巡逻等,以保障站台的安全。

② 高速列车过站时产生的列车风可能会对站台上的乘客产生安全威胁。例如,列车风可能将乘客吹倒或吹走物品,从而造成人员伤害或财产损失。通过对列车风进行研究,可以降低这种风险,保障乘客的安全。

③ 列车风对站台设备的影响也不容忽视。高速列车通过时会产生较大的压力波,可能对站台设备造成冲击和损害。通过对列车风进行研究,可以优化站台安全防护设备的设计,提高其抵抗列车风的能力,减少列车风对站台安全防护设备的影响,从而进一步保障站台乘客与工作人员的生命财产安全。

④ 在高速铁路建设中,对高速列车过站时的站台安全进行研究具有重要的意义。研究成果可以为站台安全管理和应对措施提供指导,如制定相应的安全管理制度、提供针对性的应急处置措施等。这有助于提高乘客乘车体验,同时保障乘客和工作人员的安全。

综上所述,对高速列车过站时带来的列车风对站台安全影响的研究具有重要的意义和目的。通过对列车风进行研究,可以降低风险、提高安全性、优化设计和提高乘客乘车体验等。这些研究成果可以为高速铁路建设和运营提供有益的指导,为保障乘客和工作人员的安全做出积极贡献。

1.2 高速铁路的发展现状

全球高速铁路的发展历程可以归纳为三个阶段:首先是探索初创阶段,这个阶段以日本和欧洲的高速铁路发展为典型代表。接下来是扩大发展阶段,这一阶段欧洲和日本等地区继续扩大高速铁路的建设规模。最后是快速发展阶段,这一阶段以我国高速铁路的快速崛起为代表,我国高速铁路的快速发展对全球高速铁路的发展产生了重要的影响。截止到目前,全球已经运营的高速铁路线路里程已经超过了30 000 km。

1.2.1　国外高速铁路的发展现状

高速铁路是设计标准高、可以保证列车行驶安全的铁路系统。高速铁路具有速度快、安全可靠、效益高等特点,给社会经济发展带来了极大的便利。因此,世界上各个国家均致力于高速铁路的建设。1997 年,日本长野新干线开始运营,列车最高行驶速度达到 260 km/h。新干线作为一种新型交通工具,不但满足了人员流动的需求,还改变了日本人们的出行方式和生活方式。法国高速铁路以不断创造世界最高速度纪录而领跑全球,1990—2007 年,法国的 TGV 动车组的行驶速度从 515.3 km/h提高到 574.8 km/h,刷新了世界轮轨的速度纪录。2000 年,德国 ICE 型高速列车的行驶速度达到了 300 km/h,推动了德国铁路技术的发展。

1.　德　国

德国最具代表性的高速动车组是城际特快列车(InterCity Express,ICE)。1988 年,ICE - V 试验列车研发成功;此后,德国逐渐形成以 ICE1、ICE2、ICE3、ICE4为代表的系列高速动车组。ICE 系列高速动车组均由西门子公司制造,其中 ICE1、ICE2 采用动力集中方式设计,ICE3 首次采用动力分散方式设计以适应高速运行。

目前,运营中的最新一代 ICE 主力车型为 ICE4,其在减质量、降成本、环保、舒适性等方面提出了较高要求;Velaro Novo 则是西门子公司正在研发中的新一代动车组技术平台,以降低全生命周期成本、轻量化、增加定员为目标。ICE4 与 Velaro Novo的设计理念不仅反映了德国铁路股份公司(Deutsche Bahn AG,DB)作为运营商对动车组性能的需求,也反映了西门子公司作为一个主机制造企业对未来车型的思考,具有一定的代表性。

(1) ICE4

ICE4 是西门子公司为 DB 开发,用于逐步替换 ICE1、ICE2 的新一代动车组,如图 1.1 所示。其中,12 节编组的动车组于 2017 年 12 月投入使用,7 节编组的动车组于 2020 年 12 月交付。ICE4 在 DB 内部的定型编号为 412 型,其主要特点如下。

1) 灵活可变编组

ICE4 实现了在一个技术平台下的灵活可变编组,以适应不同加速度、速度、定员要

图 1.1　ICE4 实拍图

求的乘客运输任务。ICE4 可实现 5～14 节的任意组合,最高运行速度达 280 km/h。其中,7 节和 12 节编组为基本型,最高运行速度分别为 230 km/h 和 250 km/h,2 列 7 节编组动车组可实现重联运行。ICE4 主要技术参数如表 1.1 所列。

表 1.1　不同位置站台门承受的最大风压

序　号	编组类型	7 节编组	12 节编组
1	列车长度/m	200	346
2	供电制式	15 kV/16.7 Hz	
3	最高速度/(km·h^{-1})	230	250
4	最大加速度/(m·s^{-2})	0.55	0.53
5	动力车/辆	3	6
6	牵引功率/kW	4 590	9 900
7	制动方式	再生制动、空气制动、磁轨制动	
8	车体长度/m	头车:28.6;中间车:27.9	
9	车体宽度/mm	2 852/2 646(外/内)	
10	编组	2 节头车、3 节客车、1 节餐车、1 节服务车	2 节头车、8 节客车、1 节餐车、1 节服务车
11	定员	456 个座席,含 77 个一等座	830 个座席,含 205 个一等座
12	轴重/t	<18	
13	适用的站台高度/mm	550～760	
14	最小曲线半径/mm	150	
15	最小坡度/‰	35	

2）创新驱力方案

ICE4 的牵引系统采用"动力包"的创新驱动方案开展模块化和集成化设计（见图 1.2），一个牵引单元的主要部件包括变压器、冷却设备、变流器、牵引电机等，均集成于一辆动力车并安装于车厢下方。该系统由西门子公司和庞巴迪公司联合开发，通过改变列车编组中动力车的数量和动拖车比例，即可改变整车的牵引功率，实现不同速度等级运行，保证列车编组的高度灵活性。

3）SIBAS PN

SIBAS PN 是西门子公司继 SIBAS 16、SIBAS 32 之后研发的第 3 代产品。其中，SIBAS 为西门子铁路自动化的英文缩写，PN 为用于通信控制技术的 Profinet 协议。

SIBAS PN 的通信网络由列车网络 ETB、列车总线和车厢网络总线 Profinet 构成，其中网络均基于快速以太网（100 Mbit/s，交换以太网），效率高、冗余足。各个车辆具有单独的控制单元，保证了车辆的独立性。借助 SIBAS PN，ICE4 的头车可对编组内任意一节车厢进行单独控制。该结构可永续替换编组内的任意车辆，是实现动车组灵活编组的基础。SIBAS PN 结构如图 1.2 所示。

图 1.2　SIBAS PN 结构

4）长车体设计

ICE4 动车组采用 28 m 长的车体，比传统 ICE Velaro 增加了 3 m。与常规 8 节编组 200 m 长的列车相比，ICE4 可减少 1 节车厢，从而减少通过台、车下设备和转向架的数量，增加了座位和可用空间，且有利于牵引系统集成。同时，动车组的整个乘客区采用模块化布局，可随意改变配置。车厢内减少了电气柜，进一步增大了可使用空间。所有内饰均采用模块化设计，座位安装于地板滑轨上，运营商可针对需求快速做出调整。

5）舒适性优化

ICE4 在服务车厢内为带小孩乘客辟出家庭区域，为自行车爱好者预留存放区域；新研发的座椅经人体工程学设计，提高了乘坐舒适度；车厢采用大型全景车窗（1 924 mm×780 mm），确保采光良好；内部照明系统的颜色和亮度可根据季节、昼夜变化自动调节，匹配自然光变化；为方便行动受限人士出行，多功能车厢提供轮椅区域，该区域位置紧邻轮椅升降机和通用宽敞的洗手间，地板配备触敏引导系统，以帮助盲人或视障乘客。

6）动力转向架

ICE4 的动力转向架是西门子公司在 SF500 基础上设计的（见图 1.3），优化了质量，可满足对轴承负载和牵引力的较高要求。拖车转向架基于庞巴迪 FLEXX Eco 转向架技术，针对高速运输进行了优化。拖车转向架的特点在于轴承内置化，即轴承和框架部件位于轮对的轮盘内。该结构大大降低了车体质量、减小了相关部件尺寸，与 ICE3 相比，7 节编组的 ICE4 动车组质量降低约 20 t。受益于轻量化设计和改善的车体空气动力学性能，ICE4 动车组能耗明显降低，与 ICE1、ICE3 相比，能耗分别降低了 22%、15%。

图 1.3　ICE4 的动力转向架

（2）Velaro Novo

Velaro Novo 是西门子公司 Velaro 技术平台最新一代的高速动车组（见图 1.4），2012 年开始研发，2018 年首次进行了样车展示。Velaro Novo 继承了 ICE4 的设计理念，通过在同一个平台内的不同配置，以适应 280～360 km/h 不同速度等级的要求，并且提出了更高的顶层指标，如表 1.2 所列。

图 1.4 Velaro Novo 外观效果

表 1.2 Velaro Novo 顶层指标

序 号	指 标	目标/%
1	能耗	降低 30
2	采购成本	降低 20
3	维护成本	降低 30
4	质量	降低 15
5	定员	增加 10

Velaro Novo 特点之一是进行了大量的空气动力学优化工作,通过车顶平顺化、受电弓下沉、高压器件部分进入高压箱等措施,实现整车能耗降低 10%。动车转向架和拖车转向架均采用轴箱内置式方案,并通过全包转向架,实现整车能耗降低 15%。Velaro Novo 牵引、辅助变流器采用碳化硅器件,牵引电机采用永磁电机,在减轻质量的同时,提高牵引系统效率,实现整车能耗降低 5%。制动系统采用全新优化方案:①未配置轮盘制动,为实现高速下紧急制动性能要求,增加了踏面制动;②充分发挥永磁电机优势,结合再生制动、电阻制动,电制动功率可达牵引功率的 1.5 倍,在正常运营情况下实现全速度范围内电制动,大幅减少闸片磨耗。其中,电阻制动布置于车顶,仅用于常用制动的补充。为提高定员数量,Velaro Novo 一方面

将车长增至 29 m;另一方面在车体上实现了"空管"概念,电气柜小型化,布置于车顶和端墙,释放出更多车内空间(见图 1.5)。另外,通过内装型材和布局优化,使列车在车体变窄的条件下,车内可用空间反而增加,如图 1.6 所示。

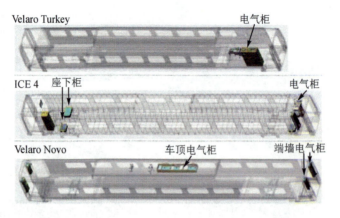

图 1.5 Velaro Novo 电气柜小型化设计与其他车型对比

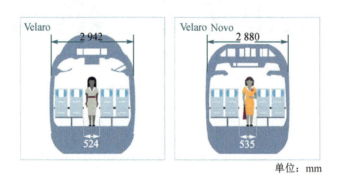

图 1.6 Velaro Novo 车内可用空间增加示意图

2. 法 国

法国自 1978 年制造出第 1 列 TGV 高速列车以来,至今已发展到了第 4 代。法国最新一代列车于 2015 年 12 月开始研发,该车型最早被阿尔斯通公司命名为 Avelia Horizon,后被法国国营铁路公司(简称法铁)正式命名为 TGV‐M(见图 1.7),"M"代表"现代"或"模块化"。根据计划,该车型于 2023 年起分期交付,取代自 1996 年起使用的 TGV‐DUPLEX 双层列车。Avelia 是阿尔斯通公司最新一代的高速列车技术平台,继承并发展了 TGV 和 AGV 系列高速列车的技术优势。TGV‐M 动车组研发方向关注重点包括大载客量、低运营维护成本、环境友好、现代化乘客服务系统等,未采用 AGV 列车的中间动力转向架技术,而是采用双层铰接式动力集中设计。动力车采用紧凑型设计,可配备 7～9 节拖车,在 2M9T 编组条件下车长 202 m,使其在同样长度条件下增加了 1 节拖车。动车组全列采用轻量化设计,动力车和拖车轴重均不大于 17 t,其主要参数如表 1.3 所列。

图 1.7　TGV－M 外观效果

表 1.3　TGV－M 主要技术参数

序　号	项　目	技术参数
1	动力形式	动力集中动车组
2	最高速度/(km·h^{-1})	320
3	输出功率/kW	7 800
4	最大载客量/人	740(9 节编组)
5	列车全长/m	202
6	编组数目	7～9 节模块化编组
7	牵引系统	阿尔斯通 IGBT 逆变器和三相异步交流牵引电机
8	电流传动形式	交流-直流-交流
9	供电系统	AC 25 kV/50Hz;DC 1.5 kV
10	集电方式	受电弓受流,每节动车 1 个
11	制动方式	再生制动(动车);盘式制动和踏面制动(拖车)
12	适用轨距/mm	1 435

TGV－M 最初计划用于法国国内线路,但其同时满足国际运营条件。通过适当改装,该列车可在荷兰、卢森堡、德国、瑞士、意大利、西班牙等国运营,其关键特点包括:

①　节能、全生命周期成本低。TGV－M 被法铁描述为历史上最环保的 TGV,动车组能耗降低 20%,碳排放量降低 37%,可回收利用部件高达 97%,列车采购成本降低 20%、维修成本降低 30%。

② 采用模块化设计,可灵活编组数量和座椅布置。列车可根据需求,最大化调整整车厢数量,头等车厢与二等车厢之间可实现重新配置等。

③ 改善乘车体验、优化客运服务。载客量增加约 20%,可提供全面实时的行程信息,实现车内区域无障碍通行,方便乘客上下车等。

3. 日 本

日本是第一个开通高速铁路的国家,其高铁技术以新干线为代表,最高运营速度 320 km/h。日本拥有多达十几种高速列车型号,是列车种类最多的国家,全部采用动力分散形式。经过多年发展形成两大系列:①以百位数字表示的高速列车,从 0 系开始,发展出 100 系、200 系、300 系、400 系、500 系、700 系、800 系、N700 系,最新车型为 N700S;②E 系高速列车,包括 E1、E2、E3、E4、E5 等型号。

日本铁路在发展中始终贯穿轻量化、节能环保、模块化设计、低维护成本等理念。为满足国内运营需求,新干线动车组对于质量、阻力、噪声、舒适性、安全性(特别是地震时)等指标有较高要求;同时,为保持新干线在与航空运输业的竞争中始终处于优势地位,日本铁路公司积极推动新型动车组研发,通过产品迭代,不断引入新技术,进一步提高舒适性和经济性。因此,日本动车组更新换代速度非常快,部分车型在退役时使用年限尚未达到 25 年。

(1) N700S

N700S 由日本 JR 东海铁路公司主导研制,2018 年 3 月试运行,2020 年 7 月投入运营。N700S 取 Supreme 首字母"S",意为 N700 系的顶级车辆。该车型是继 2013 年推出 N700A 后,JR 东海铁路公司研制的第 6 代新干线车辆,其主要参数如表 1.4 所列。

表 1.4 N700S 主要技术参数

项　目	技术参数
列车长度/m	404
供电制式	25 kV/60 Hz
运营速度/(km·h^{-1})	东海道新干线:285;山阳新干线:300
最高速度/(km·h^{-1})	365
起动加速度/(m·s^{-2})	0.72
列车编组	14M2T
牵引功率/kW	17 080
制动方式	空气制动;再生制动

续表 1.4

项 目	技术参数
车体长度/m	头车:27.35,中间车:25.00
车体宽度/mm	3 360
车体高度/mm	头车:3 500,中间车:3 600
轨距/mm	1 435
定员/人	1 323

N700S设计沿用了 N700 系的外形风格,改进了空气动力学流线设计,采用长流线背鳍头型,车体更平滑,降低了隧道微气压波和车外噪声,减少了列车运行阻力和尾车摇晃。

N700S在轻量化和降低能耗方面比较突出,最大轴重 11 t,质量为 700 t。与 N700A 相比,整车质量降低 13 t,其轻量化设计项点如表 1.5 所列;能耗降低约 6%(见图 1.8)。

表 1.5 N700S 轻量化设计项点

部 件	质量/kg
采用 SiC 器件的牵引变流器	降低 150
6 极异步电机	降低 70
新型受电弓	降低 50
转向架构架	降低 75

注:在东京一新大阪下行线上,按上述最高速度运行的仿真分析

图 1.8 N700S 能耗与其他车型对比

N700S主变流器采用半导体器件碳化硅(SiC),具有发热小、高速关断、高频率、低损耗等优点。结合自主研发的走行风冷却技术,主变流器大幅小型化和轻量化,

能够与主变压器一起安装于同一型号车辆,可实现动车组车底设备的优化配置。牵引电机由 4 极增至 6 极,进一步小型化、轻量化。

N700S 在设计中还提出"标准车辆"理念,通过设备的小型化、轻量化设计,合理配置地板下设备,按照是否安装主变压器来简化标准车辆结构,易于形成多种编组,车辆种类从 8 种减至 4 种,便于实现 8 节、12 节、16 节等多种编组形式,适应不同线路需求。

(2) ALFA - X

ALFA - X 是 JR 东日本公司主导,川崎公司和日立公司参与研制的用于测试前沿技术的高速试验列车,造价约合人民币 6 亿元。该车型于 2019 年 5 月 13 日起开始为期 3 年的整车试验,计划以 400 km/h 进行测试,后期运营速度为 360 km/h。

ALFA - X 为 10 节编组全动力车,平均轴重 12.4 t,最大轴重 13.1 t。ALFA - X 对整车空气动力学性能进行优化,采用超长前鼻,两端头车采用不同气动外形,1 号车设计考虑抑制高速驶入隧道时的微气压波,长度约 16 m;10 号车采用流线长度约 22 m 的超长设计。

另外,对翼型受电弓整流罩进行优化,同时为提高列车抵抗积雪和适应低温环境的能力,在转向架上设置导流以减少积雪;舒适性方面,采用主动式悬挂与气动摆式机构;轻量化方面,采用 SC 牵引变流器,并通过自然风冷方式减少冷却风机数量;可靠性方面,通过车载布置大量状态检测点,实现列车健康管理和精准预防修,并搭载高效能电池用以实现应急牵引自走行。

ALFA - X 采用"地震-制动控制模式曲线",可缩短地震时的制动距离。同时,在车顶设置"空气阻尼制"制动装置,仅在发生地震的紧急情况下使用。例如,初速 360 km/h 时,紧急制动距离可大幅降至 4 300 m(纯空气)和 4 000 m(纯空气+风阻)。

1.2.2 国内高速铁路的发展现状

铁路是我国重要的基础设施,高速铁路成为了国民经济和人们出行的重要交通工具。我国高速铁路经历了近 20 年的发展历程,成为了现代技术水平最高、覆盖城市最广的国家。

近年来,中国高速铁路发展突飞猛进,逐渐成为世界高速铁路的领跑者。自 2008 年开通第一条时速 350 km 的京津城际高速铁路以来,我国陆续建成世界上等级最高的高速铁路——京沪高速铁路,世界上首条高寒高速铁路——哈大高速铁路,世界上最长的高速铁路——京广高速铁路(全长 2 298 km)等。截至 2015 年底,中国已基本建成"四横四纵"高速铁路骨干网,高速铁路营业里程达 19 000 km,居世界第一位,占世界高速铁路总里程的 60% 以上。中国高速铁路已经成为闪亮的国家名片,2015 年我国分别与俄罗斯、印尼达成协议,合作修建莫斯科—喀山高速铁路和雅加达—万隆高速铁路。可以预见,具有建设成本低、建设周期短、综合优势明显的中国高速铁路,必将随着"一带一路"倡议走出国门.在世界范围内得到更为广泛的应用。

从 1990—2007 年,经历了全国铁路五次大提速。1998 年,我国广深铁路成为我国第一条具有高速指标的铁路,列车运营速度为 200 km/h。2002 年,我国建成上海磁浮列车示范运营线,设计运营速度高达 430 km/h,成为我国首条高速轨道系统。2003 年,我国第一条国铁秦沈专线速度达到 250 km/h,是我国第一条高速国铁线路。2007 年我国拥有第一条 300 km/h 速度级别的高速铁路。2008 年,我国京津城际铁路成为第一条 350 km/h 级别的高速铁路,我国进入高铁时代。2010 年,我国高速列车 CRH380AL 试验速度为 486.1 km/h,刷新了世界铁路的最高时速,创造了高速动车组新的世界纪录。2017 年,我国的复兴号列车实现了 400 km/h 的运行速度,树立起世界高速铁路运营的新标杆。2021 年 4 月 21 日,我国 CR450 单列列车实现了明线 435 km/h 的运行速度,相对交会时速高达 870 km/h,创造了高速列车组交会的世界纪录。截至 2021 年底,我国高铁运营里程达到 40 000 km。

1.3 高速列车过站空气动力学研究现状

全球高速铁路的发展历程呈现出一种趋势,即高速列车的运行速度在持续提高。随着列车速度的不断提升,许多在低速运动时并不明显的现象在高速运行中变得越来越显著。这些现象包括列车与轨道、接触网之间的动力相互作用,以及空气动力学效应等。其中,高速铁路隧道空气动力学问题在高速铁路的发展过程中扮演着重要的角色,这是一个让各国都感到头疼的难题,已经吸引了各国专家学者的广泛关注。为了解决这个问题,各国都投入了大量的资源进行研究。高速列车通过地面车站时,会对乘客及站台周围物体产生影响。在研究高速列车通过地面车站引起的空气动力学问题时,对比风洞试验和现场实车试验,普遍应用计算流体力学的方法来模拟列车过站过程。

1.3.1　国内外利用数值方法研究现状

随着高速铁路的快速发展,列车的运行速度越来越快,由列车运行时产生的空气动力学问题日益突出。针对单列列车过站、列车交会等情形引发的空气动力学问题,国内外许多学者进行了大量的研究。

在实车试验不能进行的情况下,国内外学者利用数值方法对列车过站进行了模拟研究。国外学者 Mohamed Ali J. S. 利用数值方法研究了列车的气动效应,分析了列车运行时产生的横向风对列车空气动力学及列车运行稳定性的影响。Holmes S. 研究了高速列车产生的空气动力载荷对慢速移动列车的影响。Tang M. 对地铁列车以不同速度通过车站进行了数值模拟,分析了列车运行方向风压的分布规律。Catanzaro C. 分析了 ETR500 型列车在不同情况侧风作用下的气动特性。Howe M. S. 分析了两列高速列车在隧道中相遇时产生的压力瞬变。Kim J. H. 以实际运行的高速列车和某服务段隧道为研究对象,研究了单列列车在不同工况下的压力特性。

列车头部外形会对列车性能产生一定影响,Sedaju A. 采用数值仿真方法,分析了列车头尾形状对中速列车气动效应的影响。隧道形状会影响列车进入隧道时产生的压缩波,列车在通过隧道过程中会对隧道通风系统产生影响,González M. L. 采用数值方法,分析了列车通过地铁隧道产生的活塞效应对地铁隧道纵向通风系统的影响。

国外学者利用不同的数值方法,如三维方法、混合维数法、大涡模拟方法、固定网格系统和交叉列车边界条件的特征方法等模拟了列车运行过程,得到了列车运行过程产生的特性和影响规律。Lin H. T. 研究了两列高速列车在桥上交会时的三维车桥系统的动力特性。Carrarini A. 利用多体仿真程序 SIMPACK 模拟了车辆产生气动荷载的动态响应。国外学者 Roy S. 采用计算流体力学方法研究了前后间隙对气动阻力的影响。

国内学者采用滑移网格技术对列车交会进行了数值模拟,得到了列车交会的气动特性。张运良等采用数值方法,模拟高速列车以不同速度在隧道内交会时气动作用力的变化过程,得出了列车车体内外压力变化规律。黄宇明采用滑移网格技术,对高速列车交会进行了数值仿真,总结了速度和线间距对压力波幅值的影响规律,获得了列车车体表面压力。王希理采用滑移网格技术,对列车在不同速度等级下运行时产生的流场进行了数值模拟,分析得到了列车气动力参数。周丽名采用计算流体力学和有限体积法理论,对列车通过隧道及隧道内交会时的流场进行了数值模拟,得出列车表面压力特性及其在列车表面的分布规律。

国内学者应用一维可压缩非定常不等熵流动模型和广义黎曼变量特征线法、重叠网格技术对列车交会进行了模拟,得到了列车交会时的压力波特性。杨永刚等研究了列车以 160 km/h 的速度在隧道内交会时产生的压力波和列车外部压力的分布特性,分析了列车运行速度和列车车型对隧道压力波的影响。陈敬旭采用重叠网格技术,分析了磁浮列车在不同速度等级下交会时产生的压力波及气动力的变化特性。胡啸采用重叠网格技术,研究了列车在等速交会条件下,不同的轨道线间距对隧道内列车交会压力波的影响。

高速列车过站时会对跨线天桥、雨棚及站台门产生的影响,张帅采用数值方法,分析了跨线天桥结构的脉动特性和不同参数的跨线结构的振动响应。李凌宇采用滑移网格,模拟计算了列车高速通过地下车站,分析了列车过站时对站台门产生的气动效应。高伟采用数值计算方法,对列车以 100 km/h 的速度越行过站进行了模拟,分析了列车过站时对屏蔽门的瞬态压力变化规律。

中国铁道科学研究院集团有限公司(以下简称铁科院)的武青海利用 STARCD,采用 6 种计算模型对隧道压力波进行模拟计算。河北工程大学的李慧君采用三维数值模拟的方式,研究了阶梯型缓冲结构的长度与阶数对于气动效应的影响。河北工程大学的从俊林针对列车交会时对跨线桥梁的风致响应问题以及列车风和列车移动荷载耦合的情况进行分析,得到了列车会车时跨线桥梁动力响应的特性。

1.3.2　国内外利用实验方法研究现状

针对单列列车过站、列车交会等情形引发的空气动力学问题,国内外许多学者进行了大量的实验研究。

不同因素会对列车空气动力学特性产生一定影响,Bell J. R. 通过风洞试验,研究了某型高速列车尾部顶角变化对非定常尾迹结构及相应滑流的影响。Gilbert T. 对简化的 ICE2 列车进行了运动模型实验,分析得到了隧道长度对流动特性有较大影响的结论。国外学者 Iliadis P. 利用移动模型实验,分析了货运列车通过隧道时的流动情况。

国外学者采用实验方法对列车进入隧道的过程进行了研究,Yonemoto T. 利用试验方法,得到了列车车头几何形状和隧道截面积在压力梯度上存在差异的结论。Seong Won Nam 基于固定网格系统和穿越列车特征方法,对隧道内的瞬态压力现象进行了定性和定量分析。Tsai T. 通过计算流体动力学分析、轨道动力学模拟模型,分析了高速列车与其他列车之间的气动相互作用。列车过站过程中会对周围物体产生风压影响,KIM J. Y. 对运营中的地铁线路进行了现场试验,测量得到了由列车运行引起的站台纱门的风压变化规律。

列车交会时产生的压力波会对列车运行安全、候车乘客安全产生不利影响,因此研究列车交会的空气动力学问题非常重要。邱晓为采用风洞试验,测试了列车在桥上交会的过程,得到了侧风作用下列车的气动力特性。刘璐等利用高速列车的实际测试数据,分析了高速列车在明线交会和隧道交会情况下产生的压力波规律。乔英俊根据实车试验数据和数值仿真数据,分析了线间距与列车交会压力波之间的关系,研究得到了列车交会压力波与线间距之间的关系拟合曲线。巩延庆利用实车试验方法,对比了列车进出隧道时列车内外的压力变化,分析了列车车辆编组和运行速度对列车内外压力的影响。

为了研究列车过站时对车站顶棚、站台门产生风压影响,曾令伟利用动模型试验,研究了不同工况下的列车进入隧道内产生的风压,分析了列车通过隧道时对屏蔽门的风压分布和变化规律。程建锋采用动模型试验方法,研究了不同速度等级的高速列车进出车站产生的气动效应,得到了顶棚压力变化规律。王志飞、冯瑞龙采用数值模拟和线路试验方法,分析了高速列车过站过程中对站台门产生的气动效应。

曾臻等采用实车测试的方法,分析了列车运行速度、行车间隔、风井风阀开闭情况对站台门气动压力的影响。王丽慧等采用实测方法,对比分析了不同位置处屏蔽门的压力差值。刘畅等通过列车测试试验,分析了不同情况下屏蔽门承压的动态变化规律。柳润东等采用试验方法,对地下车站的气动荷载特性进行了研究,得到隧道壁面、站台屏蔽门等不同测点位置处的风压时程曲线。

2015—2018 年,铁科院以国家铁路科研计划"珠三角城际铁路标准设置研究"为契机,先后 3 次在莞惠线、佛肇线、莞惠线东莞段进行全高、半高门气动载荷和站台门结构特性的试验研究,研究了在列车高速通过时,站台门受到的列车风冲击荷载和结构变形;通过在站台的站台门上设置监测点,得到高速列车过站过程中对站台的站台门作用的压力时程,统计出的最值用于结构设计;最终通过了模拟和试验高速列车通过车站,得到列车过站过程中列车风空间分布形态,获得了站台门上监测点处压力时程,总结了压力分布规律,设定出了用于结构设计的荷载取值,为我国城际铁路站台安全防护提供了技术、设备支持,以及标准建议值,为全国城际铁路站台装备奠定基础。

铁科院结合全路联调联试,对全路已设站台门车站进行了系统性研究,并于 2018 年在京沈客动专线黑山北站组织了 350 km/h 运行环境下的站台门气动站台安全防护技术系统性研究,主要针对站台防护设备的安全性、功能性、可靠性和可用性进行了为期一年的线路试验研究,并于 2019 年在京张线完成了示范应用。在已有数据的基础上,于 2020 年开发站-车空气动力仿真与试验平台。

1.4 列车过站空气动力学研究方法

列车过站空气动力学的研究方法包括数值模拟计算、风洞试验、现场实车试验，主要包括以下步骤：

实验研究：通过风洞试验和列车运行试验等方法，模拟列车在不同情况下的空气动力学性能。

数值模拟研究：利用计算机仿真技术进行列车运行场景的建模，模拟列车在不同工况下的空气动力学性能。

研究结果分析：收集并分析实验和数值模拟研究结果，得出预测列车过站空气动力学性能的结论。

1.4.1 数值模拟计算

数值模拟计算是指对研究对象的数学模型通过计算机软件进行仿真模拟的研究方法。在研究列车空气动力学问题中，在实车试验不能进行的情况下，研究人员往往采用数值计算方法，数值计算方法能够模拟列车过站、列车交会等工况。数值模拟方法在计算过程中，要对模型的边界条件，如出入口条件、壁面条件进行设置，对计算结果会产生一定的影响。数值计算方法具有方便快捷、使用成本低等特点，因此受到很多研究学者的青睐。

目前铁路从业者主要采用的是国外大型商用软件（Fluent、Ansys 等）或自研的软件，用于前期设计时的计算参考。其采用的湍流计算方法通常是 RANS 方法（雷诺平均方法），采用模型进行计算。采用的网格一般为滑移网格，采用的数值离散方法通常为有限体积或者有限差分方法，使用结构化网格和非结构化网格结合形成混合网格。在对流项的离散上，一般采用二阶迎风或者 QUICK 格式，压力梯度的离散采用的是 SIMPLE 算法。针对列车高速运行时呈现的不可压缩效应，目前研究仍然较少。

1.4.2 风洞试验

在研究列车空气动力学性能方面，在实车试验不能进行的情况下，研究人员采用风洞试验方法研究列车空气动力学问题。高速列车风洞试验是指在风洞试验台上放置根据列车实际尺寸缩小比例的列车模型,通过研究人员操作控制风洞中的风,以此研究风洞中的风与运动列车之间的相互作用,了解实际运行列车的空气动力学问题的实验方法。风洞试验具有操作简单、方便快捷、成本低廉、安全可靠等特点,因此广泛应用于列车空气动力学和其他空气动力学领域。

高速风洞测量处理系统是实现风洞试验的核心设备,通常包括传感器测量压力和温度、应变天平、信号调节器、数据采集设备、电子扫描阀测压系统以及数据处理分析组件等。其主要职责是在计算机的管控和调度下,传感器将风洞试验过程中产生的压力、温度、力、力矩、角度、位移、速度、加速度等各种物理量转换成电压或电流信号,然后通过数据采集装备进行抽样,再量化成数字信号并存储到计算机中。按照预设的方法和软件进行计算处理后,将结果显示并打印输出,同时进行进一步的分析和管理。

风洞试验的不足之处是由于缩小比例的列车和实际尺寸的列车、实际流场的风环境和模拟流场的风环境有很大的差别,因此风洞试验的计算结果有较大的偏差。

1.4.3 现场实车试验

实车测量是在生产后期利用实际车辆进行的测试,主要研究物理量,仍然包括气动力、列车表面压力、气动噪声。其中列车表面压力的测量包括了在明线状态或者隧道内交会或非交会状态的测量。此外,在进行实车测量时,还会特别针对列车各部分噪声、列车空调、冷却风和进排气口的空气动力学特征进行测试。

为降低数值计算和风洞试验的误差,验证得到实验结果的可靠性,国内外的学者进行了大量的实车试验。现场实车试验是指研究人员在列车表面安装气压传感器,通过列车实际运行工况获得列车空气动力学参数最真实、最直接的一种方法。通过现场实车试验,可以得到列车气动阻力、气动升力、气动倾向力等参数,以此研究空气动力学问题。现场实车试验具有成本昂贵、测试时间长等缺点,因此应用不太广泛。

1.5 本章小结

本章回顾了全球高速铁路的发展历程,将其分为探索初创、扩大发展和快速发展三个阶段,并指出我国高速铁路的快速崛起对全球高速铁路发展的影响。同时,阐述了高速列车过站时对站台安全影响的研究现状,包括数值模拟、风洞试验和现场实车试验等多种研究方法的应用。这些研究揭示了列车风对站台设备及乘客安全的具体影响,并探讨了如何通过优化站台安全防护设备的设计来减少这些影响。通过上述研究,可以为高速铁路的建设和运营提供技术支持,进而更好地保障乘客和工作人员的安全。

参考文献

[1] 张梦.中国高铁远征海外市场[J].中国外资,2010(8):46-48.

[2] 逯建勋.浅谈我国铁路运力紧张对国民经济主要产业的影响[J].内蒙古科技与经济,2005(5):72-73.

[3] 张波,高翔,黄金,等.国外新型高速动车组技术现状与发展趋势[J].中国铁路,2023(1):42-50.

[4] 李科,董骥,方恒堃.基于气动效应的北京城际铁路联络线地下车站站台门退台距离研究[J].城市轨道交通研究,2021,24(6):55-59.

[5] 牛纪强,周丹,梁习锋.列车交会压力波的空间分布研究[J].武汉理工大学学报(交通科学与工程版),2017,41(1):57-63.

[6] 冯瑞龙.高速列车过站空气动力学仿真及试验研究[D].呼和浩特:内蒙古工业大学,2021.

[7] 康国青.站台屏蔽门对地铁车站环境影响的研究[D].北京:北京工业大学,2009.

[8] 李炎,高孟理,周鸣镝,等.铁路隧道列车活塞风的理论研究与计算方法的探讨[J].铁道学报,2010,32(6):140-145.

[9] 丁叁叁,陈大伟,刘加利.中国高速列车研发与展望[J].力学学报,2021,53(1):35-50.

[10] 王全泉.广州站跨京广高铁开行高速动车组列车的探讨[J].中国铁路,2021(7):70-75.

[11] 谢毅,肖杰.高速铁路发展现状及趋势研究[J].高速铁路技术,2021,12(2):23-26.

[12] 王文峰.动车组智能技术探索[J].中国铁路,2020(9):14-18.

[13] 韩文娟,董晓鹏.国外高速动车组的发展趋势分析[J].机车车辆工艺,2017(4):8-10,18.

[14] Hughes M,赵忠红.法国下一代高速列车 TGV M[J].国外铁道机车与动车，2021(4):15-18.

[15] 苏晓声.高速列车 N700S 确认试验车[J].现代城市轨道交通,2019(4):79-83.

[16] 石清伶,王渤洪.日本新干线 N700 系电动车组[J].机车电传动,2008(2):54-62.

[17] OFFER M.应用新控制系统 Sibas PN 的 ICE4 动车组的创新[J].国外铁道车辆,2019,56(6):1-8.

[18] 余志祥.高速铁路大型客站建筑风荷载及流固耦合作用研究[D].成都:西南交通大学,2012.

[19] Ali J S M, Omar A A, Ali M A B, et al. Numerical investigation of aerodynamic characteristics of high speed train[J]. IOP Conference Series: Materials Science and Engineering,2017,184(1):012015.

[20] Holmes S, Schroeder M P. Aerodynamic effects of high-speed passenger trains on other trains[R]. United States. Federal Railroad Administration. Office of Research and Development,2002:1-75.

[21] Tang M. Numerical Analysis of Wind Pressure at Subway Tunnel Platform Screen Door[J]. DEStech Transactions on Engineering and Technology Research,2017:15697.

[22] Catanzaro C, Cheli F, Rocchi D, et al. High-speed train crosswind analysis: CFD study and validation with wind-tunnel tests[C]// The Aerodynamics of Heavy Vehicles III: Trucks, Buses and Trains. Springer International Publishing,2016:99-112.

[23] Howe M S. Pressure Transients Generated when High-Speed Trains Pass in a Tunnel[J]. IMA Journal of Applied Mathematics,2000,65(3):315-334.

[24] Kim J H, Rho J H. Pressure wave characteristics of a high-speed train in a tunnel according to the operating conditions[J]. Proceedings of the Institution of Mechanical Engineers, Part F: Journal of Rail and Rapid Transit,2018,232(3):928-935.

[25] Sedaju A, Hadisulistyorini D, Novareza O, et al. Investigating the Impact of Train Shape on the Aerodynamics Performance of Medium-Speed Trains[J]. Test Engineering and Management,2020,83(1):12272.

[26] González M L, Vega M G, Oro J M F, et al. Numerical modeling of the piston effect in longitudinal ventilation systems for subway tunnels[J]. Tunnelling and underground space technology,2014,40:22-37.

[27] Saito S, Iida M. Numerical simulation of pressure variation during train passage in tunnel[J]. Transactions of the Japan Society of Mechanical Engineers, 2015, 81(825): 14-00689.

[28] Kwon H B, Kim T Y, Lee D H, et al. Numerical simulation of unsteady compressible flows induced by a high-speed train passing through a tunnel[J]. Proceedings of the Institution of Mechanical Engineers, Part F: Journal of Rail and Rapid Transit, 2003, 217(2): 111-124.

[29] Khayrullina A, Blocken B, Janssen W, et al. CFD simulation of train aerodynamics: Train-induced wind conditions at an underground railroad passenger platform[J]. Journal of Wind Engineering and Industrial Aerodynamics, 2015, 139(24):100-110.

[30] Nam S W. Analysis for characteristics method on wind pressure of trains crossing in tunnel[J]. Journal of the Korean Society for Railway, 2013, 16(6): 454-459.

[31] Lin H T, Ju S H. Three-dimensional analyses of two high-speed trains crossing on a bridge[J]. Proceedings of the Institution of Mechanical Engineers, Part F: Journal of Rail and Rapid Transit, 2003, 217(2): 99-110.

[32] Carrarini A. Coupled multibody-aerodynamic simulation of high-speed trains manoeuvres[C]//Virtual Nonlinear Multibody Systems. Springer, Dordrecht, 2003: 411-418.

[33] Roy S, Kumarasamy A. Effect of Inter-wagon gaps on Aerodynamics of Freight train[J]. International journal of energy, environment and economics, 2019(1):27.

[34] 李艳, 魏德豪, 秦登, 等. 时速400 km+高速列车交会压力波特性研究[J]. 铁道工程学报, 2021, 38(8): 25-29,35.

[35] 李红梅, 杨飞, 张骞, 等. 高速列车隧道内等速交会对车辆动力学性能的影响[J]. 中国铁道科学, 2020, 41(1): 64-70.

[36] 牛纪强, 周丹, 梁习锋. 列车交会压力波的空间分布研究[J]. 武汉理工大学学报(交通科学与工程版), 2017, 41(1): 57-63.

[37] 杜健, 杜俊涛, 田爱琴, 等. 头部参数对高速列车明线交会气动性能的影响[J]. 中南大学学报(自然科学版), 2017, 48(11): 3132-3140.

[38] 耿亚彬, 于淼, 李国清, 等. 鼓形动力集中动车组不同环境交会气动载荷数值研究[J]. 石家庄铁道大学学报(自然科学版),2021,34(4):73-80.

[39] 徐志腾. 高速列车交会的空气动力学研究[D].成都:西南交通大学,2016.

[40] 赵凡，齐琛，李伟斌，等. 高速列车不等速明线交会时压力波幅值与车速之间的关系研究[J]. 铁道机车车辆，2021，41(4)：15-20.

[41] 张运良，张志成，杨伟超，等. 高速列车隧道等速交会条件下人体舒适度分析[J]. 郑州大学学报(工学版)，2017，38(2)：26-29.

[42] 黄宇明. 高速列车交会气动特性和动力学研究[D]. 南京：南京航空航天大学，2015.

[43] 王希理. 侧风下高速列车空气动力学特性研究[D]. 成都：西南交通大学，2019.

[44] 周丽名. 动车组与普速列车交会空气动力学研究[D]. 成都：西南交通大学，2017.

[45] 梅元贵，李绵辉，郭瑞. 高速铁路隧道内列车交会压力波气动荷载分布特性[J]. 中国铁道科学，2019，40(6)：60-67.

[46] 贾永兴，杨振，姚拴宝，等. 高速磁浮列车隧道交会时洞内压力波动数值模拟研究[J]. 中国铁道科学，2020，41(3)：86-94.

[47] 胡啸，余以正，陈然，等. 隧道内高速列车交会时车体两侧压差波动特性数值模拟研究[J]. 铁道机车车辆，2019，39(3)：124-130.

[48] 段修平. 线间距对高速列车通过隧道时的气动特性影响研究[D]. 兰州：兰州交通大学，2018.

[49] 杨永刚，张芯茹，贺茂盛，等. 隧道内时速160公里货运列车交会压力波数值模拟[J]. 兰州交通大学学报，2020，39(4)：47-52,57.

[50] 陈敬旭. 明线上高速磁浮列车交会时压力波与气动性能研究[D]. 兰州：兰州交通大学，2018.

[51] 胡啸，孔繁冰，梁永廷，等. 线间距对高速列车隧道内交会压力波影响的数值模拟研究[J]. 振动与冲击，2020，39(21)：79-88.

[52] 李学伟. 京霸高速铁路北京新机场地下车站空气动力学效应研究[D]. 北京：北京交通大学，2019.

[53] 陈鹏飞. 地铁隧道空气动力学特性及最大运行速度研究[D]. 北京：北京交通大学，2016.

[54] 张帅. 高铁客站邻线结构列车风致振动响应研究[D]. 北京：北京交通大学，2016.

[55] 李凌宇. 地下高铁站台门气动效应研究[D]. 邯郸：河北工程大学，2020.

[56] 高伟，林剑洋，雷波，等. 列车在城际铁路地下段越行过站时的屏蔽门气动压力变化规律[J]. 城市轨道交通研究，2022，25(8)：52-55.

[57] Bell J R, Burton D, Thompson M C, et al. The effect of tail geometry on the slipstream and unsteady wake structure of high-speed trains[J]. Experimental

Thermal and Fluid Science，2017，83：215-230.

［58］Gilbert T，Baker C J，Quinn A. Gusts caused by high-speed trains in confined spaces and tunnels［J］. Journal of wind engineering and industrial aerodynamics，2013，121：39-48.

［59］Iliadis P，Hemida H，Soper D，et al. Numerical simulations of the separated flow around a freight train passing through a tunnel using the sliding mesh technique：［J］. Proceedings of the Institution of Mechanical Engineers，Part F：Journal of Rail and Rapid Transit，2020，234(6)：638-654.

［60］Yonemoto T，Endo H，Meguro F，et al. Small model experiment on the gradient of pressure wave formed by train entering into the tunnel at 160km/h ［C］//International conference on experimental mechanics 2013 and twelfth Asian conference on experimental mechanics. SPIE，2014，9234：101-108.

［61］Nam S W. Analysis for characteristics method on wind pressure of trains crossing in tunnel［J］. Journal of the Korean Society for Railway，2013，16 (6)：454-459.

［62］Kim J Y. Field experiment of train-induced wind pressure on platform screen door at subway station［J］. International journal of air-conditioning and refrigeration，2010，18(4)：309-316.

［63］邱晓为，李小珍，沙海庆，等. 钢桁梁桥上列车双车交会气动特性风洞试验 ［J］. 中国公路学报，2018，31(7)：76-83.

［64］刘璐，高品贤. 高速列车交会压力波特性分析［J］. 中国测试，2016，42(7)：93-96.

［65］乔英俊，何德华，陈厚嫦，等. 高速铁路线间距对列车交会压力波的影响研究 ［J］. 高速铁路技术，2016，7(6)：7-11,18.

［66］巩延庆，高鸿瑞，刘堂红. 快速地铁列车过隧道压力变化特性实车试验研究 ［J］. 机车电传动，2022，(2)：40-47.

［67］曾令伟，易富民，王汉封，等. 地铁车站屏蔽门风压特性试验研究［J］. 实验流体力学，2020，34(6)：59-65.

［68］程建峰，周丹. 列车高速过站引起车站顶棚瞬变压力研究［J］. 铁道科学与工程学报，2014，11(5)：77-81.

［69］王志飞. 列车高速过站风压对站台门结构特性的影响［J］. 机械设计与制造，2020,12(5)：134-137,14.

［70］曾臻，毕海权，肖益民，等. 成都快线列车越行过站站台门气动压力实车测试研究［J］. 暖通空调，2022，52(S2)：134-139.

[71] 王丽慧,孙彬,黄淑敏,等.变工况下地铁屏蔽门风压特性实测研究[J].暖通空调,2023,53(2):148-153.

[72] 刘畅,王丽慧,杜志萍,等.高密度行车时地铁车站屏蔽门承压测试实验研究[J].建筑热能通风空调,2018,37(4):34-38.

[73] 柳润东,邢星,潘永琛,等.地下高铁站列车气动荷载特性试验研究[J].铁路节能环保与安全卫生,2022,12(2):10-14.

第 2 章　计算流体力学的基本理论和方法

2.1　计算流体力学基础

在实验研究不能进行的情况下,计算流体力学(CFD)具有可以设置参数、费用低、流场没有干扰等特点,可以填补实验研究的空缺。计算流体力学可以通过模拟计算得到计算结果,从而可以对模型结构进行研究。

计算流体力学的基础建立在流体力学基本控制方程——连续性方程、动量方程、能量方程的基础上。任何流动都遵守三个基本的物理学原理,这些方程是这些原理的数学描述:

① 质量守恒定律;

② 牛顿第二定律(力=质量×加速度);

③ 能量守恒定律。

通过基本方程组推导出适用于 CFD 的方程式,流程图如图 2.1 所示。

2.1.1　流动模型

在得到上述适用于 CFD 的方程形式的过程中,需要完成以下几个步骤:

① 从物理定律出发选择合适的物理学基本原理:

a) 质量守恒;

b) 牛顿第二定律;

c) 能量守恒。

② 将上述物理学原理应用于适当的流动模型。

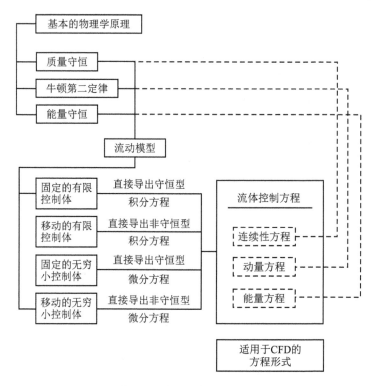

图 2.1　方程式推导流程图

③ 从这种应用中导出体现这些物理学原理的数学方程式。

流体在运动时,内部不同位置处的速度可以不同,因此,对于有连续性的流体物质,需要构建下面 4 种流体模型。

1. 有限控制体

考虑图 2.2(a)中的流线,它表示了流动的流场。假设在流动区域内划出了一个有限的封闭的控制体,称为控制体 V,围成控制体的闭合曲面 S 称为控制面。控制体的位置可以是固定的,此时会有流体流过控制体。控制体也可以随流体运动,使得位于这个控制体内的流体质点始终是同一批。

无论哪种情形,控制体都是流体中大小适当的有限区域。物理学的基本原理将被运用到控制体内的流体上。在前一种情况下,还将运用于流过控制面的流体。所以,我们不是同时在观察整个流场,而是借助控制体,将我们的注意力集中在控制体本身这一有限区域内的流体。直接将物理学基本原理运用于有限控制体,得到的流体流动方程将是积分形式的。对这些积分形式的控制方程进行处理,可(间接地)导出偏微分方程组。

对于空间位置固定的有限控制体(图 2.2(a)中的左半边),得到的方程组无论是积分形式还是微分形式,都称为守恒型控制方程组。而对于随流体运动的有限控制体(图 2.2(a)中的右半边),得到的积分或微分形式的方程组,称为非守恒型控制方程。

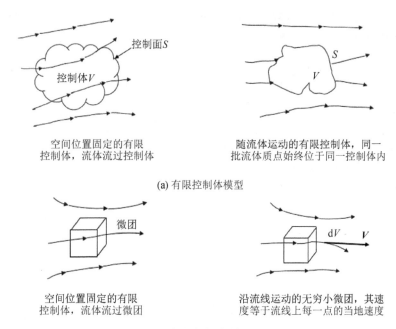

(a) 有限控制体模型

(b) 无穷小流体微团模型

图 2.2 流动模型

2. 无穷小流体微团

考虑图 2.2(b)中流线所表示的流动。设想流动中的一个无穷小流体微团,其体积微元是 dV,流体微团无限小的含义与微积分中无限小的含义相同。同时它又需要足够大到包含了大量的流体分子,保证它能够看成是连续的介质。流体微团的位置可以是固定的,此时会有流体流过流体微团,如图 2.2(b)中的左半边所示。流体微团还可以沿流线运动,其速度为 **V** 等于流线上每一点的当地流速。与前面一样,我们不是同时观察整个流场,物理学基本原理仅仅运用于流体微团本身。此时的这种处理直接导出的是偏微分方程形式的基本方程组。

同样地,对于空间位置固定的有限控制体(图 2.2(a)中的左半边),得到的偏微分方程组称为守恒型控制方程组。而对于随流体运动的有限控制体(图 2.2(a)中的右半边),得到偏微分方程组,称为非守恒型控制方程。

2.1.2　物质导数(运动流体微团的时间变化率)

在空气动力学的计算过程中,我们经常关注的是流场内不同变量在时间空间上的变化情况,其中运用到的数学原理本质上就是物质导数。选取随流体运动的流体微团,作为流动模型。其运动过程如图 2.3 所示,图中流体微团在笛卡儿坐标系下运动。假设 x,y,z 轴的单位向量分别为 i,j,k,则在笛卡儿坐标系下,速度向量场表示为

$$V = ui + vj + wk$$

其中,非定常流动中 u,v,w 既是位置的函数,又是时间的函数,此时,标量密度场和速度的 x,y,z 分量分别为

$$u = u(x,y,z,t)$$
$$v = v(x,y,z,t)$$
$$w = w(x,y,z,t)$$
$$\rho = \rho(x,y,z,t)$$

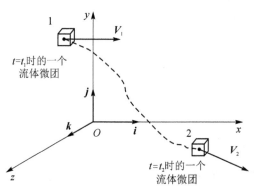

图 2.3　流体微团在流场中的运动——物质导数示意图

在 t_1 时刻,流体微团位于图 2.3 中的 1 点,在这一时刻和这一点处,流体微团的密度为

$$\rho_1 = (x_1,y_1,z_1,t_1)$$

在 t_2 时刻,流体微团运动到图 2.3 中的 2 点,此时在点 2 处,流体微团的密度为

$$\rho_2 = (x_2,y_2,z_2,t_2)$$

在点 1 处进行泰勒展开,除以 $t_2 - t_1$,忽略高阶项,可得

$$\frac{\rho_2 - \rho_1}{t_2 - t_1} = \left(\frac{\partial \rho}{\partial t}\right)_1 + \left(\frac{\partial \rho}{\partial x}\right)_1 \frac{x_2 - x_1}{t_2 - t_1} + \left(\frac{\partial \rho}{\partial y}\right)_1 \frac{y_2 - y_1}{t_2 - t_1} + \left(\frac{\partial \rho}{\partial z}\right)_1 \frac{z_2 - z_1}{t_2 - t_1}$$

$$(2-1)$$

当 $t_2 \rightarrow t_1$ 时,对式(2-1)取极限,得

$$\frac{D\rho}{Dt} = \frac{\partial \rho}{\partial t} + u\,\frac{\partial \rho}{\partial x} + v\,\frac{\partial \rho}{\partial y} + w\,\frac{\partial \rho}{\partial z} \qquad (2-2)$$

式(2-2)即为物质导数的数学表达式,物质导数可以用于流场中任何流场变量,比如压力、温度等。

2.1.3 连续性方程

以空间位置固定的有限控制体模型为例,其连续性方程推导过程如下。

在流动模型中,即一个形状任意、大小有限的控制体,该控制体的空间位置固定,其边界为控制面,如图2.4所示。流体穿过控制面,流过固定的控制体。设一点的流动速度为 $\boldsymbol{V}$,该点处面微元记为 dS,面微元 dS 乘以垂直于面微元的单位向量记为面微元的面积向量 $d\boldsymbol{S}$。仍用 dV 表示有限控制体内的一个体积微元。将质量守恒的物理学原理应用于这个控制体,意味着通过控制面 S 流出控制体的净质量流量等于控制体内质量减少的时间变化率,记为

$$B = C \qquad (2-3)$$

流体穿过任意固定表面的质量流量=密度×表面面积×垂直于表面的速度分量。因此通过面积 dS 的质量流量微元为

$$\rho \boldsymbol{V}_n\,dS = \rho \boldsymbol{V} \cdot d\boldsymbol{S} \qquad (2-4)$$

通过控制面 S 流出整个控制体的质量流量等于在 S 上对式(2-4)表示的所有质量流量微元求和。取极限,求和运算成为一个面积分,在物理上代表了式(2-4)的左边,即

$$B = \iint\limits_{S} \rho \boldsymbol{V} \cdot d\boldsymbol{S} \qquad (2-5)$$

对于式(2-3)中右边,包含于体积微元 dV 中的质量为 ρdV。因此,控制体内的总质量为

$$\iiint\limits_{V} \rho\,dV$$

体积 V 内质量的增加率为

$$\frac{\partial}{\partial t}\iint\limits_{V} \rho\,dV$$

对应的体积 V 内的减少率为上式的负数,即

$$-\frac{\partial}{\partial t}\iint\limits_{V} \rho\,dV = C \qquad (2-6)$$

将式(2-5)和式(2-6)代入式(2-4),得

$$\iint\limits_{S} \rho \boldsymbol{V} \cdot \mathrm{d}S + \frac{\partial}{\partial t} \iiint\limits_{V} \rho \mathrm{d}V = 0 \qquad (2-7)$$

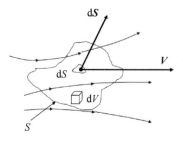

图 2.4　空间位置固定的有限控制体模型

对于列车进站过程中的空气动力学计算,其连续性方程经常按照如下公式所示进行描述,此式可与前文中推导出的公式互相推导得出。

连续性方程是质量守恒定律的一种数学表达式,适用于定常流动和非定常流动,方程如下:

$$\frac{\partial \rho}{\partial t} + \frac{\partial (\rho u)}{\partial x} + \frac{\partial (\rho v)}{\partial y} + \frac{\partial (\rho w)}{\partial z} = 0 \qquad (2-8)$$

对于定常流动,$\dfrac{\partial \rho}{\partial t} = 0$,即

$$\frac{\partial (\rho u)}{\partial x} + \frac{\partial (\rho v)}{\partial y} + \frac{\partial (\rho w)}{\partial z} = 0 \qquad (2-9)$$

对于均质不可压缩流体,无论是定常流体或是非定常流体均有

$$\frac{\partial u}{\partial x} + \frac{\partial v}{\partial y} + \frac{\partial w}{\partial z} = 0 \qquad (2-10)$$

式中:ρ——空气密度;

　　　t——时间;

　　　u——速度在 x 方向的分量;

　　　v——速度在 y 方向的分量;

　　　w——速度在 z 方向的分量。

2.1.4　动量方程

动量方程是动量守恒定律的一种数学表达式,动量方程的守恒形式为

$$\frac{\partial (\rho u)}{\partial t} + \mathrm{div}(\rho u \boldsymbol{V}) = \mathrm{div}(\mu \cdot \boldsymbol{\mathrm{grad}}\ u) - \frac{\partial p}{\partial x} + S_{Mx} \qquad (2-11)$$

$$\frac{\partial(\rho v)}{\partial t} + \mathrm{div}(\rho v \boldsymbol{V}) = \mathrm{div}(\mu \cdot \mathbf{grad}\ v) - \frac{\partial p}{\partial y} + S_{My} \qquad (2-12)$$

$$\frac{\partial(\rho w)}{\partial t} + \mathrm{div}(\rho w \boldsymbol{V}) = \mathrm{div}(\mu \cdot \mathbf{grad}\ w) - \frac{\partial p}{\partial z} + S_{Mz} \qquad (2-13)$$

式中：$\boldsymbol{V}$——速度矢量；

u、v、w——速度矢量 $\boldsymbol{V}$ 在 x、y、z 方向的分量；

S_{Mx}、S_{My}、S_{Mz}——动量守恒方程源项；

μ——分子黏性系数。

2.1.5 能量方程

能量方程是能量守恒定律的一种数学表达式，能量方程的守恒形式如下：

$$\frac{\partial(\rho i)}{\partial t} + \mathrm{div}(\rho i \boldsymbol{V}) = \mathrm{div}(k_t \cdot \mathbf{grad}\ T) - P \cdot \mathrm{div}\ \boldsymbol{V} + \Phi + S_i \qquad (2-14)$$

$$\phi = \mu \left\{ 2\left[\left(\frac{\partial u}{\partial x}\right)^2 + \left(\frac{\partial v}{\partial y}\right)^2 + \left(\frac{\partial w}{\partial z}\right)^2\right] + \left(\frac{\partial u}{\partial y} + \frac{\partial v}{\partial x}\right)^2 + \right.$$

$$\left. \left(\frac{\partial u}{\partial z} + \frac{\partial w}{\partial x}\right)^2 + \left(\frac{\partial v}{\partial z} + \frac{\partial w}{\partial y}\right)^2 \right\} + \lambda\,(\mathrm{div}\ \boldsymbol{V})^2 \qquad (2-15)$$

状态方程：

$$p = p(\rho, T) \quad \text{和} \quad i = i(\rho, T)$$

理想气体：

$$p = \rho R T \quad \text{和} \quad i = c_V T$$

式中：p——空气压力；

t——时间；

T——空气温度；

i——空气内能；

c_V——比定容热容；

k_t——空气导热系数；

R——理想气体系数；

S_i——能量方程源项；

λ——空气容积黏性系数；

Φ——耗散函数；

μ——分子黏性系数。

2.1.6 流体力学控制方程总结

1. 黏性流动的纳维-斯托克斯(Navier – Stokes)方程

(1) 连续性方程

非守恒形式：

$$\frac{\mathrm{D}\rho}{\mathrm{D}t} + \rho \boldsymbol{\nabla} \cdot \boldsymbol{V} = 0 \tag{2-16}$$

守恒形式：

$$\frac{\partial \rho}{\partial t} + \boldsymbol{\nabla} \cdot (\rho \boldsymbol{V}) = 0 \tag{2-17}$$

(2) 动量方程

非守恒形式：

$$x \text{ 方向} \quad \rho \frac{\mathrm{D}u}{\mathrm{D}t} = -\frac{\partial p}{\partial x} + \frac{\partial \tau_{xx}}{\partial x} + \frac{\partial \tau_{yx}}{\partial y} + \frac{\partial \tau_{zx}}{\partial z} + \rho f_x \tag{2-18}$$

$$y \text{ 方向} \quad \rho \frac{\mathrm{D}v}{\mathrm{D}t} = -\frac{\partial p}{\partial y} + \frac{\partial \tau_{xy}}{\partial x} + \frac{\partial \tau_{yy}}{\partial y} + \frac{\partial \tau_{zy}}{\partial z} + \rho f_y \tag{2-19}$$

$$z \text{ 方向} \quad \rho \frac{\mathrm{D}w}{\mathrm{D}t} = -\frac{\partial p}{\partial z} + \frac{\partial \tau_{xz}}{\partial x} + \frac{\partial \tau_{yz}}{\partial y} + \frac{\partial \tau_{zz}}{\partial z} + \rho f_z \tag{2-20}$$

守恒形式：

$$x \text{ 方向} \quad \frac{\partial (\rho u)}{\partial t} + \boldsymbol{\nabla} \cdot (\rho u \boldsymbol{V}) = -\frac{\partial p}{\partial x} + \frac{\partial \tau_{xx}}{\partial x} + \frac{\partial \tau_{yx}}{\partial y} + \frac{\partial \tau_{zx}}{\partial z} + \rho f_x \tag{2-21}$$

$$y \text{ 方向} \quad \frac{\partial (\rho v)}{\partial t} + \boldsymbol{\nabla} \cdot (\rho v \boldsymbol{V}) = -\frac{\partial p}{\partial y} + \frac{\partial \tau_{xy}}{\partial x} + \frac{\partial \tau_{yy}}{\partial y} + \frac{\partial \tau_{zy}}{\partial z} + \rho f_y \tag{2-22}$$

$$z \text{ 方向} \quad \frac{\partial (\rho w)}{\partial t} + \boldsymbol{\nabla} \cdot (\rho w \boldsymbol{V}) = -\frac{\partial p}{\partial z} + \frac{\partial \tau_{xz}}{\partial x} + \frac{\partial \tau_{yz}}{\partial y} + \frac{\partial \tau_{zz}}{\partial z} + \rho f_z \tag{2-23}$$

(3) 能量方程

非守恒形式：

$$\rho \frac{\mathrm{D}}{\mathrm{D}t}\left(e + \frac{V^2}{2}\right) = \rho \dot{q} + \frac{\partial}{\partial x}\left(k\frac{\partial T}{\partial x}\right) + \frac{\partial}{\partial y}\left(k\frac{\partial T}{\partial y}\right) + \frac{\partial}{\partial z}\left(k\frac{\partial T}{\partial z}\right) - \frac{\partial (up)}{\partial x} -$$

$$\frac{\partial (vp)}{\partial y} - \frac{\partial (wp)}{\partial z} + \frac{\partial (u\tau_{xx})}{\partial x} + \frac{\partial (u\tau_{yx})}{\partial y} + \frac{\partial (u\tau_{zx})}{\partial z} +$$

$$\frac{\partial(v\tau_{xy})}{\partial x} + \frac{\partial(v\tau_{yy})}{\partial y} + \frac{\partial(v\tau_{zy})}{\partial z} + \frac{\partial(w\tau_{xz})}{\partial x} + \frac{\partial(w\tau_{yz})}{\partial y} +$$

$$\frac{\partial(w\tau_{zz})}{\partial z} + \rho \boldsymbol{f} \cdot \boldsymbol{V} \qquad (2-24)$$

守恒形式：

$$\frac{\partial}{\partial t}\left[\rho\left(e+\frac{V^2}{2}\right)\right] + \boldsymbol{\nabla} \cdot \left[\rho\left(e+\frac{V^2}{2}\right)\boldsymbol{V}\right]$$

$$= \rho\dot{q} + \frac{\partial}{\partial x}\left(k\frac{\partial T}{\partial x}\right) + \frac{\partial}{\partial y}\left(k\frac{\partial T}{\partial y}\right) + \frac{\partial}{\partial z}\left(k\frac{\partial T}{\partial z}\right) -$$

$$\frac{\partial(up)}{\partial x} - \frac{\partial(vp)}{\partial y} - \frac{\partial(wp)}{\partial z} +$$

$$\frac{\partial(u\tau_{xx})}{\partial x} + \frac{\partial(u\tau_{yx})}{\partial y} + \frac{\partial(u\tau_{zx})}{\partial z} + \frac{\partial(v\tau_{xy})}{\partial x} + \frac{\partial(v\tau_{yy})}{\partial y} + \frac{\partial(u\tau_{zy})}{\partial z} +$$

$$\frac{\partial(w\tau_{xz})}{\partial x} + \frac{\partial(w\tau_{yz})}{\partial y} + \frac{\partial(w\tau_{zz})}{\partial z} + \rho \boldsymbol{f} \cdot \boldsymbol{V} \qquad (2-25)$$

2. 无黏流欧拉（Euler）方程

无黏流的定义忽略了耗散、黏性输运、质量扩散以及热传导的流动。去掉其中包含摩擦和热传导的项，就得到了无黏流动的方程。由此得到以下的非定常三维可压缩无黏流动的控制方程。

（1）连续性方程

非守恒形式：

$$\frac{D\rho}{Dt} + \rho \boldsymbol{\nabla} \cdot \boldsymbol{V} = 0 \qquad (2-26)$$

守恒形式：

$$\frac{\partial \rho}{\partial t} + \boldsymbol{\nabla} \cdot (\rho \boldsymbol{V}) = 0 \qquad (2-27)$$

（2）动量方程

非守恒形式：

$$x \text{ 方向} \qquad \frac{\partial(\rho u)}{\partial t} + \boldsymbol{\nabla} \cdot (\rho u \boldsymbol{V}) = -\frac{\partial p}{\partial x} + \rho f_x \qquad (2-28)$$

$$y \text{ 方向} \qquad \frac{\partial(\rho v)}{\partial t} + \boldsymbol{\nabla} \cdot (\rho v \boldsymbol{V}) = -\frac{\partial p}{\partial y} + \rho f_y \qquad (2-29)$$

$$z \text{ 方向} \qquad \frac{\partial(\rho w)}{\partial t} + \boldsymbol{\nabla} \cdot (\rho w \boldsymbol{V}) = -\frac{\partial p}{\partial z} + \rho f_z \qquad (2-30)$$

守恒形式：

$$x \text{ 方向} \quad \rho \, \frac{\mathrm{D}u}{\mathrm{D}t} = -\frac{\partial p}{\partial x} + \rho f_x \tag{2-31}$$

$$y \text{ 方向} \quad \rho \, \frac{\mathrm{D}v}{\mathrm{D}t} = -\frac{\partial p}{\partial y} + \rho f_y \tag{2-32}$$

$$z \text{ 方向} \quad \rho \, \frac{\mathrm{D}w}{\mathrm{D}t} = -\frac{\partial p}{\partial z} + \rho f_z \tag{2-33}$$

(3) 能量方程

非守恒形式：

$$\rho \, \frac{\mathrm{D}}{\mathrm{D}t}\left(e + \frac{V^2}{2}\right) = \rho \dot{q} - \frac{\partial(up)}{\partial x} - \frac{\partial(vp)}{\partial y} - \frac{\partial(wp)}{\partial z} + \rho \boldsymbol{f} \cdot \boldsymbol{V} \tag{2-34}$$

守恒形式：

$$\frac{\partial}{\partial t}\left[\rho\left(e + \frac{V^2}{2}\right)\right] + \boldsymbol{\nabla} \cdot \left[\rho\left(e + \frac{V^2}{2}\right)\boldsymbol{V}\right] = \rho \dot{q} - \frac{\partial(up)}{\partial x} - \frac{\partial(vp)}{\partial y} - \frac{\partial(wp)}{\partial z} + \rho \boldsymbol{f} \cdot \boldsymbol{V}$$

$$\tag{2-35}$$

2.2　数值方法

流体力学数值方法是具备离散化和代数化的方法,在数值求解中有多种数值方法,如有限差分法、有限单元法、有限体积法、有限分析法和边界元法等。在计算流体力学中,常用的方法是有限差分法、有限单元法和有限体积法。

1. 有限差分法(Finite Difference Method,FDM)

有限差分法是一种将连续体离散化为若干个有限大小的单元体的集合,以求解连续体力学问题的数值方法。其建立在经典数学及逼近理论的基础上,简单且容易被接受,被广泛应用于汽车、轮船、列车等近地面钝体绕流计算,特别是曲线坐标系的应用对有限差分法处理具有复杂表面的三维钝体绕流起到巨大的推动作用,克服了不规则表面所带来的困难。

有限差分是微分方程和积分微分方程数值解的方法。基本思想是把连续的定解区域用有限个离散点构成的网格来代替,这些离散点称为网格的节点;把连续定解区域上的连续变量的函数用在网格上定义的离散变量函数来近似;把原方程和定解条件中的微商用差商来近似,积分用积分和来近似,因此代数方程组可以用原微分方程和定解条件近似替代,即有限差分方程组,解此方程组就可以得到原问题在离散点上的近似解,然后再利用插值方法便可以从离散解得到定解问题在整个区域上的近似解。

2. 有限单元法(Finite Element Method,FEM)

有限元单元法是一种将连续体离散化为若干个有限大小的单元体的集合,以求解连续体力学问题的数值方法。有限单元法在早期是以变分原理为基础发展起来的,广泛地应用于以拉普拉斯方程和泊松方程所描述的各类物理场中(这类场与泛函的极值问题有着紧密的联系)。其基本思想是:将给定的泊松方程化为求解泛函的极值问题。将连续的求解域离散为一组单元的组合体,用在每个单元内假设的近似函数来分片地表示求解域上待求的未知场函数,近似函数通常由未知场函数及其导数在单元各节点的数值插值函数来表达,从而使一个连续的无线自由度问题变成离散的有限自由度问题。运用步骤为:剖分、单元分析、求解近似变分方程。

3. 有限体积法(Finite Volume Method,FVM)

有限体积法的基本思路是将计算区域划分为一系列不重复的控制体积,并使每个网格点周围有一个控制体积,将待解的微分方程对每一个控制体积积分,便得出一组离散方程,其中的未知数是网格点上的因变量的数值。为了求出控制体积的积分,必须找出假定值在网格点之间的变化规律,即假定值的分段的分布剖面。离散方程的物理意义就是因变量在有限大小的控制体积中的守恒原理,如同微分方程表示因变量在无限小的控制体积中的守恒原理一样。有限体积法得出的离散方程要求因变量的积分守恒对任意一组控制体积都得到满足,那么对整个计算区域,自然也得到满足。

2.3　大位移瞬态计算方法

在列车高速过站数值模拟流场中,存在列车交会运动、列车过隧道等问题,都属于大位移运动,为了防止大位移运动过程中出现的网格单元坏死,需要进行计算。常运用于此类问题的计算方法包括:动网格方法、滑移网格方法,现在发展起来的还包括重叠网格的方法。

2.3.1　动网格技术

动网格计算中网格的动态变化过程常用三种模型进行计算,即弹簧近似光顺模型(smoothing)、动态分层模型(layering)和局部重划分模型(remeshing)。

动网格模型可以用来模拟流场形状由于边界运动而随时间改变的问题。边界的运动形式可以是预先使用 UDF 定义的运动,既可以在计算前指定其速度或者角速度;也可以是预先未做定义的运动,即边界的运动由前一步的计算结果决定。网格的更新过程是由 CFD 计算软件根据每次迭代时边界的变化情况自动完成的。在使用动网格模型时,必须首先定义初始网格、边界运动的方式并制定参与运动的区域。可以用边界型函数或者 UDF 定义边界的运动方式。如果流场中包含运动与不运动两种区域,则需要将它们组合在初始网格中以对它们进行识别。

1. 弹簧近似光顺模型

在弹簧近似光顺模型中,网格的边被理想化为节点间相互连接的弹簧。移动前的网格间距相当于边界移动前由弹簧组成的系统处于平衡状态。在网格边界节点发生位移后,会产生与位移成比例的力,力量的大小根据胡克定律计算。边界节点位移形成的力虽然破坏了弹簧系统原有的平衡,但是在外力作用下,弹簧系统经过调整将达到新的平衡,也就是说由弹簧连接在一起的节点,将在新的位置上重新获得力的平衡。从网格划分的角度来说,从边界节点的位置开始,采用胡克定律,经过迭代计算,最终可以得到使得各节点上的合力等于零的、新的网格节点位置。

在基于弹簧的光顺模型中,任意两个网格节点都理想化为通过内部连接弹簧网格,在任何边界移动之前形成状态平衡网格,给定边界节点上位移将会产生与沿着弹簧连接方向位移成比例的力。使用胡克定律,基于网格节点的力可以写成以下形式:

$$\vec{F}_i = \sum_{j}^{n_i} k_{ij}(\Delta\vec{x}_j - \Delta\vec{x}_i) \tag{2-36}$$

式中:$\Delta\vec{x}_j$,$\Delta\vec{x}_i$——节点 i 与相邻节点 j 的位移;

$\quad\quad n_i$——连接节点 i 的邻居节点数量;

$\quad\quad k_{ij}$——弹簧节点 i 与其相邻节点 j 间的弹簧刚度。

连接节点 i 与 j 的边的弹簧刚度可以定义为

$$k_{ij} = \frac{1}{\sqrt{|\vec{x}_i - \vec{x}_j|}} \tag{2-37}$$

为保持平衡,所有连接节点弹簧产生的净力必须为零。这一条件在迭代方程中可写成

$$\Delta\vec{x}_i^{m+1} = \frac{\sum\limits_{j}^{n_i} k_{ij}\Delta\vec{x}_j^m}{\sum\limits_{i}^{n_i} k_{ij}} \tag{2-38}$$

当边界位移已知时(边界节点位置被更新),上述方程在所有内部节点上使用雅可比卷积。当收敛时,位置被更新为

$$\vec{x}_i^{n+1} = \vec{x}_i^n + \Delta \vec{x}_i^{m,\text{converged}}$$ (2-39)

式中: $n+1, n$——下一层时间步及当前时间步。

2. 动态分层模型

动态分层网格主要应用于棱柱型网格区域(六面体或者是楔形),动态层模型根据紧邻运动边界网格层高度的变化,进行动态层的生成或者消失,即在边界发生运动时,紧邻边界的网格层高度增大到一定程度,就将其划分为两个网格层;网格层高度降低到一定程度,就将紧邻边界的两个网格层合并为一个层;网格层扩大,单元高度的变化有一临界值。满足上述条件的情况下,就可以对网格单元进行分割,分割网格层可以用常值高度法或常值比例法。

动网格模型的应用有如下限制:

① 与运动边界相邻的网格必须为楔形或六面体(二维四边形)网格。

② 在滑动网格交界面以外的区域,网格必须被单面网格区域包围。

③ 如果网格周围区域中有双侧壁面区域,则必须首先将壁面和阴影区分割开,再用滑动交界面将二者耦合起来。

④ 如果动网格附近包含周期性区域,则只能用 FLUENT 的串行版求解;但是如果周期性区域被设置为周期性非正则交界面,则可以用 FLUENT 的并行版求解。

如果移动边界为内部边界,则边界两侧的网格将作为动态层参与计算。如果在壁面上只有一部分是运动边界,其他部分保持静止,则只需在运动边界上应用动网格技术,但是动网格区间与静止网格区间应用滑动网格交界面连接。

3. 局部重划模型

在使用非结构网格的区域上一般采用弹簧光顺模型进行动网格划分,但是如果运动边界的位移远远大于网格尺寸,那么采用弹簧光顺模型可能导致网格质量下降,甚至出现体积为负值的网格,或因网格畸变过大导致计算不收敛。为了解决这个问题,在计算过程中将畸变率过大或尺寸变化过于剧烈的网格集中在一起进行局部网格的重新划分,如果重新划分后的网格可以满足畸变率要求和尺寸要求,则用新的网格代替原来的网格;如果新的网格仍然无法满足要求,则放弃重新划分的结果。

在重新划分局部网格之前,首先要将需要重新划分的网格识别出来。FLUENT中识别不合乎要求网格的判据有两个,一是网格畸变率,二是网格尺寸,其中网格尺寸又分最大尺寸和最小尺寸。在计算过程中,如果一个网格的尺寸大于最大尺寸,

或者小于最小尺寸,或者网格畸变率大于系统畸变率标准,则这个网格就被标志为需要重新划分的网格。在遍历所有动网格之后,再开始重新划分的过程。局部重划模型不仅可以调整体网格,也可以调整动边界上的表面网格。需要注意的是,局部重划模型仅能用于四面体网格和三角形网格。在定义了动边界面以后,如果在动边界面附近同时定义了局部重划模型,则动边界上的表面网格必须满足下列条件:

① 需要进行局部调整的表面网格是三角形(三维)或直线(二维);

② 被重新划分的面网格单元必须紧邻动网格节点;

③ 表面网格单元必须处于同一个面上并构成一个循环;

④ 被调整单元不能是对称面(线)或正则周期性边界的一部分。

动网格问题中对于固体运动的描述,是以固体相对于重心的线速度和角速度为基本参数定义的,既可以用型函数定义固体的线速度和角速度,也可以用 UDF 来定义这两个参数,同时需要定义固体在初始时刻的位置。

2.3.2　滑移网格技术

滑移网格的原理是:在滑移网格技术中,需要建立两个或多个计算区域。每个计算区域至少有一个"界面区",使界面区与相对的单元区域结合。相邻单元区域的界面区域相互关联,形成"滑移区域交界面"。这两个计算区域将沿着彼此滑移区域交界面进行相对移动。

在滑移网格方法中,模型网格块会沿着交界面做相对运动。列车过站或者列车交会运动可以看成直线平移运动,移动的分界面是平面。网格块与块之间在交界面的数据交换通过插值来进行,因此处理列车过站或者列车交会问题的有效方法是滑移网格技术。如图 2.5 所示为模拟两列列车交会过程的滑移区域示意图,图中包括两列相对运动的列车 1 和列车 2,区域 1 包括列车 1,区域 2 包括列车 2,区域 1 和区域 2 之间为滑移区域交界面。

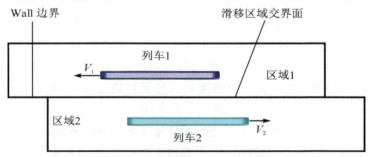

图 2.5　两列列车交会滑移区域示意

2.3.3 滑移网格和动网格的比较

滑移网格和动网格的比较如下：

① 在滑移网格中，需要建立两个或多个计算区域，在一个单独的区域内进行全部网格运动，而动网格则是网格运动。

② 滑移网格不会出现网格变形、网格重构的问题，滑移网格要对交界面进行设置。

③ 滑移网格不会出现负体积网格问题，而动网格容易生成负体积网格。

④ 滑移网格的误差出现在计算区域的交界面处，而动网格误差出现在模型的运动壁面处。

2.4 列车高速过站气动效应数值模拟计算过程

列车高速过站气动效应数值模拟计算过程主要包括以下几个步骤：车站-列车系统三维模型前处理、数值模拟仿真计算、结果后处理。三维模型建立过程是后续步骤的基础工作，针对数值模拟的过程主要遵循两个原则：物理模型的真实性和数学计算的可行性。物理模型的真实性要求尽可能多地保留列车及车站的实际尺寸和结构，数学计算的可行性要求选取最能有效反映计算流场变化情况的三维湍流模型，对实际模型尺寸必须进行简化，使得模型简化到当前数学计算工具能进行计算的程度和计算机能够在有限的时间内完成计算的程度。

2.4.1 模型前处理

模型前处理主要包括三维模型的简化和网格的划分来为主计算模块提供计算需要的单元和节点数据。

1. 模型假设

在对列车高速过站气动效应进行数学建模和数值计算的过程中，拟定以下几个假设条件：

① 在流场计算过程中,列车运动的马赫数小于 0.3 时,流场内部采用的流体类型选用无黏性不可压缩理想气体;当马赫数大于 0.3 时,流场内部采用的流体类型选用无黏性可压缩理想气体。

② 空气与列车壁面、隧道壁面、车站附属设施表面、地面壁面等处无相对滑动,靠近壁面处的相对速度为零。

③ 计算过程中,对于车站-列车系统设定为绝热状态,不考虑系统与外界之间的热的传入和传出。

④ 列车壁面、轨道壁面、地面壁面、车站附属设施壁面按照光滑壁面进行处理。

⑤ 隧道为直线,无坡度隧道。

2. 模型建立

在当前的数值计算、仿真计算技术的基础上,真实列车是一个具有复杂且丰富外形和长细比很大的几何体,进行三维湍流绕流、列车交会、列车高速通过车站等仿真计算是比较困难的。现在进行的列车相关的仿真工作大多数都建立在特定的流场模式和简化模型的基础上。对列车模型采用的常见的简化方式如下:

(1) 表面结构处理

真实列车表面有许多功能性的附属设备,并非光滑曲面,例如,车门把手、窗户、车灯、受电弓等略高于或者低于列车表面的结构。在进行列车高速过站气动效应研究的过程中,主要研究的问题是,在不同车型和编组等车辆外形尺寸的条件下,气动力的产生以及车站附属设施表面和隧道内瞬变压力的变化情况。所以,综合考虑将列车表面处理为光滑曲面,忽视部分结构的小的凹凸位置,认为表面粗糙度处处一致,假设列车表面平整,表面摩擦力沿车身均匀分布。

(2) 车底结构处理

主流列车采取的驱动方式为轮轨式,车底部包括:动力转向架和非动力转向架。转向架具有导向、承载、牵引、制动、缓冲等作用。底部转向架相对于车体外形来说,结构复杂,转向架对于整个列车气动力、隧道内瞬变压力、车站附属表面的压力等的影响研究还处于起步阶段。同时,高速列车底部通常采用裙式结构将转向架部分包裹起来,对于空气流动和空气阻力有着积极的作用。对列车进行建模的时候,将转向架简化,列车底部裙板与车身主体结构合并为一体。

(3) 外部流场处理

外部流场建模时,考虑车型、编组等因素,根据隧道的阻塞比、列车车体外形,建立整个计算流场的流场边界,根据计算工况的不同,对于计算域将模型划分为列车区域、隧道区域、站台区域、隧道外部分区域、外流场区域等。

3．网格建立

建立有限元模型最重要的一个环节就是网格划分，划分网格需要的工作量较大，网格的质量、网格的密度等对数值模拟计算精度和计算规模将产生直接影响。为建立正确、合理的有限元模型，这里介绍划分网格时应考虑的一些基本原则，即网格数量、网格疏密、网格质量和网格布局等。网格数量的多少将影响计算结果的精度和计算规模的大小；网格疏密是指在结构不同部位采用大小不同的网格，这是为了适应计算数据的分布特点；网格质量是指网格几何形状的合理性，质量好坏将影响计算精度。质量太差的网格甚至会中止计算。网格布局，当结构形状对称时，其网格也应划分为对称网格，以使模型表现出相应的对称特性（如集中质矩阵对称）。列车通过隧道网格示意图如图 2.6 所示。

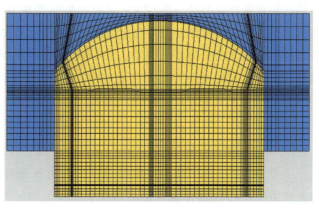

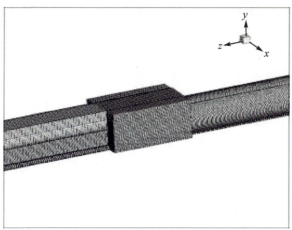

图 2.6 列车及隧道网格划分

2.4.2 数值模拟过程

1. 控制方程的建立

系统和控制体都可以建立流体动力学的基本方程,将质量、动量和能量守恒定律应用于流体运动,从而得到联系流体速度、压力、密度和温度等物理量的关系式。流体动力学中讨论的基本方程多数是对控制体建立的。基本方程有积分形式和微分形式两种。积分形式通过对控制体和控制面的积分而得到流体诸物理量之间的积分关系式;微分形式通过对微元控制体或系统直接建立方程而得到任意空间点上流体诸物理量之间的微分关系式。求解积分形式基本方程可以得到总体性能关系,如流体与物体之间作用的合力和总的能量交换等;求解微分形式基本方程或求解对微元控制体建立的积分形式基本方程,可以得到流场细节,即各空间点上流体的物理量。微分形式的主要方程有质量守恒方程、动量守恒方程和能量守恒方程,其具体形式已在 2.1 节中进行了介绍。

2. 边界条件的设置

边界条件是控制方程有确定解的前提。边界条件是在求解区域的边界上所求解的变量或其导数随时间和地点的变化规律。对于任何问题,都需要给定边界条件。初始条件是所研究对象在过程开始时刻各个求解变量的空间分布情况,对于瞬态问题,必须给定初始条件。对于边界条件与初始条件的处理,直接影响计算结果的精度。在完成网格划分后,在前处理软件中指定边界类型,指定边界类型时要用浅显易懂的命名,同样的边界类型及具备同样的边界值可以指定为同一个边界类型名。边界条件有三种:Dirichiet 问题(已知边界值)、VonNeumann 问题(已知边界值的导数)、Robin 问题(已知边界值和边界值的导数的组合分布)。通用的边界条件按物理情况分为:流动入口边界、给定压力边界、固定壁面边界、自由壁面边界、对称边界、周期性(循环)边界。在高速列车空气动力学计算模型中常用的边界条件包括:速度入口边界、压力出口边界、固定壁面边界、对称边界、交会面边界、湍流模型边界。

(1) 流动入口边界

入口边界属于第一类边界条件,即全部物理量的值是已知的,则直接把已知值配置在边界节点上,实际计算中一般能准确知道入口处速度分布。根据列车速度不同设置不同的速度边界,如 200 km/h、250 km/h、300 km/h、350 km/h。

（2）流动出口边界

如何设置出口的边界条件是一个比较困难的问题，如果可以通过试验给定该处物理量的分布，就可以给出第一类边界条件。一般可以采用局部单向化的假定，即假设那里没有回流且离目标区域较远，就可以将出口处的影响系数取为零，相应的压力、速度由外插获得。

（3）固定壁面边界

列车的物面给定无滑移边界条件，即三个速度分量为零（$u=0$、$v=0$、$w=0$）；地面的三个速度分量为 $u=-v_t$、$v=0$、$w=0$（v_t 为列车运行速度）；压力数值边界即 $\dfrac{\partial p}{\partial n}=0$。

（4）对称边界

如果没有横风，流场沿列车的对称面对称，此时流场的计算域只需要 1/2，法向速度属于第一类边界，因为零通量穿过对称轴或对称面，所以法向速度为零，属于第二类边界。

（5）交会面边界

交会面边界是一种人工内部边界，交会面上，两区域的所有物理量（压力 p，流场密度 ρ，速度分量 u、v、w，湍动能 k，湍流耗散率 ε，温度 T）相等。通过三维空间插值进行数据交换。

（6）湍流模型边界

靠近列车表面将出现湍流附面层，k-ε 模型只适应于离开壁面一定距离的湍流区域，而对列车表面附近的附面层内的流动进行计算时，采用工程湍流计算中常使用的壁面函数法。

3. 监控点

在仿真计算过程中需要注意监控计算情况，监控点是必不可少的，动网格位移监控，特别是想知道运动动车组车身表面的压力时，必须在计算前提前设置好车体表面压力监控点。

2.4.3　工况计算及后处理

根据车站类型和列车车型建立计算流场区域和计算流场边界。流体区域计算工质选用真实气体，计算工作压力为标准大气压。计算过程中，考虑气体摩擦造成的能量变化。对列车进行必要的简化,列车周围的运动区域划分出对应的运动区域。对列车周围划分出边界层,根据 $Y+$ 值计算理论公式,计算出第一层网格高度,保证网格近壁面处附面层网格高度满足湍流模型计算的需求,如图 2.7 所示。

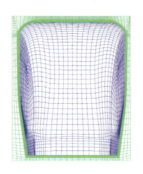

图 2.7 列车周围流体域及边界层网格

1. 列车在地下站台中部高速交会

动车组在地下车站运行时,从隧道外进入,经过区间隧道后到达车站。常见的铁路隧道按照长度划分如下:

特长隧道:全长 10 000 m 以上;

长隧道:全长 3 000 m 以上至 10 000 m,含 10 000 m;

中隧道:全长 500 m 以上至 3 000 m,含 3 000 m;

短隧道:全长 500 m 及以下。

根据不同的研究目标,选择列车起始运动的位置,确定是否在流体计算域中增加外部计算流场,如图 2.8 所示为列车在地下车站中部交会时的气动效应仿真模型。

采用 Fluent 流体仿真软件进行仿真计算,计算方式选取为瞬态分步计算的形式,边界条件设置如下:

入口边界:采用速度入口边界条件;

出口边界:采用压力出口边界条件;

滑移区域边界:采用滑移交界面边界条件,并将成对的滑移交界区进行组队,生成滑移交界面;

其余壁面:采用固定壁面边界条件。

根据需要编写 UDF 或者 profile 文件对列车运动进行控制,在使用动网格进行计算之前,按照网格形式和计算需要采用不同的动网格技术对网格进行驱动。本例

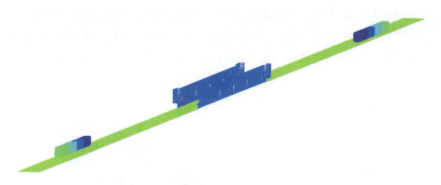

图 2.8 列车地下站交会运行模拟示意图

中网格采用六面体结构网格,动网格技术采用层铺动网格技术,对切割出的列车运动区域、需要运动的列车和该区域对应的出入口边界条件等部位分别设置为刚体运动和固定壁面。湍流模型选择为标准 $k-\varepsilon$ 模型,壁面函数选择标准壁面函数,同时,在计算过程中开启能量选项考虑能量变化情况。

在列车高速过站气动效应和安全防护的研究中,主要关注的是列车在通过隧道—站台—隧道这一过程中,整个系统中流场压力的变化情况以及站台防护装置表面的压力变化情况,因此,在后处理的过程中,需要获取的数据包括:列车在整个运动过程中的气动力变化情况、站台防护装置在不同站台间距时关注的监测点的压力变化情况、不同时刻站内流场变化情况。具体表现形式为:流场压力、速度变化云图,监测点的压力、风速时均曲线图等。

列车交会过站中,部分交会云图如图 2.9 和图 2.10 所示,由图中可以看出,除车头部位存在着比较大的正压、尾部车体弧度变化部位存在较大的负压以外,中间车身部位的压力分布比较均匀。列车交会过程中,在站台中部位置不同高度监测点处

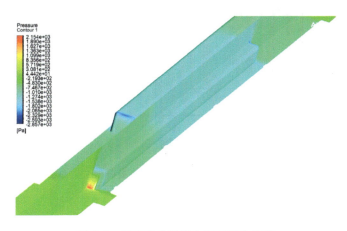

图 2.9 列车交会过程中局部压力云图

的监测曲线如图 2.11 所示。列车在隧道运行阶段,监测点位置存在一个正压,列车经过监测点时,出现小幅度的正压升高现象。车头完全越过监测点位置,车身经过监测点位置时,压力迅速降低并维持在负压水平,同时由于列车交会的影响,压力还会持续地降低直到车尾经过该监测点位置时,压力迅速上升并维持在一定的负压压力直到列车驶出隧道。

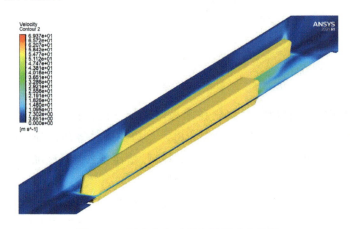

图 2.10   列车交会过程中局部速度云图

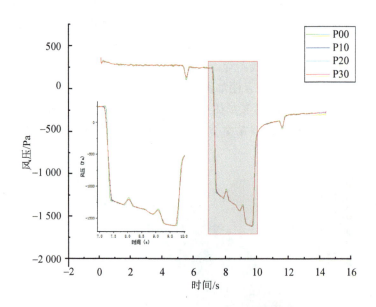

图 2.11   同一断面不同高度监测点处风压变化曲线

2. 列车在明线站台高速过站

列车在明线运行过程中,主要是在路基、桥梁上行驶,通过明线上的站台时,除影响站台本身的结构,如雨棚、立柱、标志牌等外,对于站台上加装的站台防护设施同样会产生较大的影响。站台防护设置安装的距离、高度等对于列车高速过站时的流场变化也会产生不同程度的影响。

在研究列车高速过站明线站台的过程中,由于计算资源的限制,因此,应当依据列车速度、编组以及所研究车站的规模等现实数据划定适当的计算流体区域。根据流体域中的主要要素确定特征尺寸,外部流场边界按照经验,选取 10 倍特征尺寸进行确定。在进行外部流场设置时,外部流场边界一般设置为压力远场边界条件,对应的流体工质选取为理想气体,参考工作压力选取为标准大气压。计算过程考虑气体摩擦造成的能量变化。

三维模型简化以及网格划分操作基本与列车过站地下车站时的处理一致,需要注意的是外部流场采用半圆柱外部流场时,如果进行六面体结构化网格划分,则需要进行 O–BLOCK 的块处理,保证划分网格的质量。如图 2.12 所示为列车高速过站明线站台网格划分。

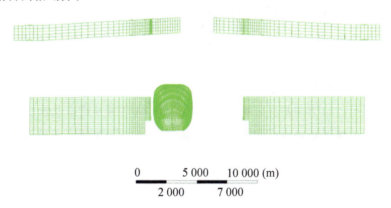

图 2.12 列车高速过站明线站台网格划分

对于明线站台雨棚结构,依据《GB 50226—2007 铁路旅客车站建筑设计规范》中 6.1.6 和 6.1.7 节中相关规定,客运专线铁路旅客车站应设置与站台同等长度的站台雨棚。客货共线铁路的特大型、大型旅客车站应设置与站台同等长度的站台雨棚。根据所在地的气候特点,中型及以下车站宜设置与站台同等长度的站台雨棚或在站台局部设置雨棚,其长度可为 200~300 m。

旅客站台雨棚设置应符合下列规定:

① 雨棚各部分构件与轨道的间距应符合现行国家标准《标准轨距铁路建筑限界》GB 146.2 的有关规定。

② 中间站台雨棚的宽度不应小于站台宽度。

③ 通行消防车的站台,雨棚悬挂物下缘至站台面的高度不应小于 4 m。

④ 基本站台上的旅客进站口、出站口应设置雨棚并应与基本站台雨棚相连。

⑤ 地道出入口处无站台雨棚时应单独设置雨棚,并宜为无柱雨棚,其覆盖范围应大于地道出入口,且不应小于 4 m。

⑥ 特大型、大型旅客车站宜设置无站台柱雨棚。

⑦ 采用无站台柱雨棚时,铁路正线两侧不得设置雨棚立柱,在两条客车到发线之间的雨棚柱,其柱边最突出部分距线路中心的间距,应符合铁路主管部门的有关规定。

⑧ 无站台柱雨棚除应满足采光、排气和排水等要求外,还应考虑吸音和隔音效果。

对于列车高速过站明线站台仿真过程,采用 Fluent 流体仿真软件进行仿真计算,计算方式选取为瞬态分步计算的形式,边界条件设置如下:

入口边界:采用速度入口边界条件;

出口边界:采用压力出口边界条件;

外流场边界:采用压力远场边界条件;

滑移区域边界:采用滑移交界面边界条件,并将成对的滑移交界区进行组队,生成滑移交界面;

其余壁面:采用固定壁面边界条件。

在列车高速过站明线站台仿真过程中,列车运动控制方式以及选用的湍流模型等基本与列车过地下站台进行的设置一致,需要注意的是外部流场采用压力远场边界条件时,需要将流体工质更换为理想气体。

在后处理的过程中,需要获取的数据包括:列车在整个运动过程中的气动力变化情况、站台防护装置在不同站台间距时关注的监测点的压力变化情况、不同时刻站内流场变化情况、雨棚结构表面的压力变化情况等。具体表现形式为:流场压力、速度变化云图,监测点的压力、风速时均曲线图等。

列车高速过站明线站台时,流场监控云图如图 2.13 和图 2.14 所示。图 2.13 所示流场云图为列车车头视角观察到的列车及系统流场范围内的压力分布,车头最前端为正压,而在车头与车身连接处曲率变化较大的位置处,存在着一定的负压;中间车身部位的压力分布比较均匀。图 2.14 所示流场云图为列车车尾视角观察的列车及系统流场范围内的压力分布,车尾最尾部为较小的正压,在车尾与车身连接处曲率变化较大的位置处,存在着较大的负压。图 2.15 所示为明线站台不同监测点处测得的风压变化曲线,观察曲线可以发现,在列车运行到监测点之前,压力在一个较小的负压区间发生波动;等到车头到达监测点位置处时,监测点位置的压力开始上升,车头将越过监测点位置时,压力迅速下降,车头与车身结合处越过监测点时存在一个较大的负压;车身经过监测点时,压力逐步恢复到接近零的状态;到车尾与车身结合处通过监测点时,压力由接近零值的状态迅速降低到一个更大的负压,然后压力迅速升高;车尾通过后,压力由正压缓慢恢复到零值。

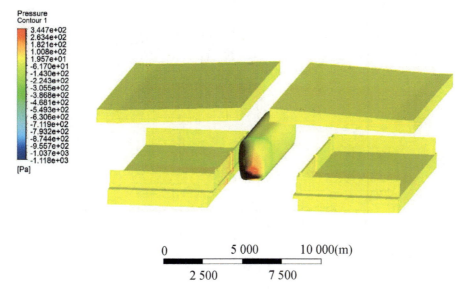

图 2.13　车头方向视角压力云图

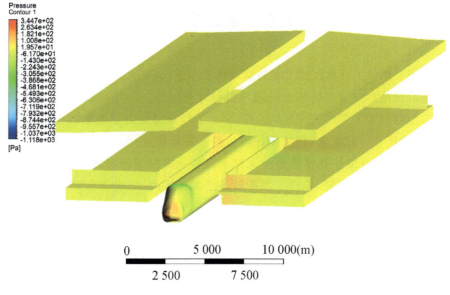

图 2.14　车尾方向视角压力云图

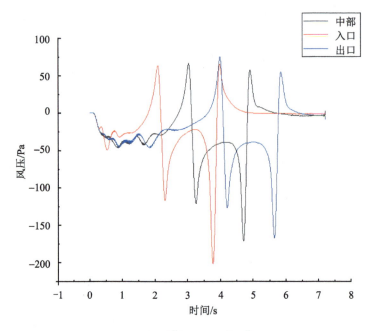

图 2.15 站台不同位置处风压变化曲线

2.5 本章小结

本章主要探讨了计算流体力学的基本理论和方法,并详细介绍了与列车高速过站气动效应及站台安全防护相关的数值模拟计算过程。首先,通过阐述质量守恒、牛顿第二定律和能量守恒三大基本原理,引出了计算流体力学的基础控制方程。其次,介绍了物质导数的概念,它是描述流场内各变量随时间和空间变化的重要数学工具。接着,通过有限控制体模型和无穷小流体微团模型的对比,解释了守恒型与非守恒型控制方程的区别,并进一步推导了连续性方程、动量方程和能量方程的具体形式。

为了更好地理解列车高速过站时的气动效应,本章中还提出了模型假设,如列车运动的马赫数小于 0.3 时采用不可压缩流体模型,大于 0.3 时则采用可压缩流体模型。此外,还讨论了列车模型简化的方法,例如表面结构处理、车底结构处理以及外部流场处理等方面。

本章还特别关注了数值模拟过程,包括三维模型的简化和网格划分,以确保数值模拟的可行性和准确性。对于列车高速过站明线站台的仿真计算,采用了 Fluent

软件,并详细说明了边界条件的设置方式。通过仿真计算,获得了列车在运动过程中的气动力变化情况、站台防护装置在不同站台间距时的压力变化情况等关键数据。

通过这些内容,读者可以了解到计算流体力学在解决复杂流体流动问题中的强大能力,并掌握如何通过数值模拟技术来评估和改善高速列车过站时的安全防护措施。

参考文献

[1] 约翰 D 安德森.计算流体力学基础及其应用[M].北京:机械工业出版社,2007.

[2] 李玉柱,苑明顺.流体力学[M].2 版.北京:高等教育出版社,2008.

[3] 赵有明.高速铁路隧道气动效应[M].北京:中国铁道出版社,2012.

[4] 童中翔,张建邦,强晓艺,等.六面体单元上的控制体有限元方法[J].计算物理,2003,20(2):178-182.

[5] 徐凯池,张佳琪.流体微团作用与流动结构变化试验分析[J].航空发动机,2020,46(2):71-74.

[6] 刘福祥.流体力学中物质导数概念的推广[J].液压气动与密封,2012,32(8):83-84.

[7] 徐晓菊.对不可压缩流体连续性方程的讨论[J].科技咨询导报,2007(28):37.

[8] 廖祖武.对流体力学伯努利方程、动量方程的新看法[J].民营科技,1996(3)8-13.

[9] 蒋剑波,王利兵,卢志明.湍流能量耗散率方程的模拟:自然,工业与流动//第六届全国流体力学学术会议论文集[C].北京:气象出版社,2001.

[10] 章梓雄,董曾南.粘性流体力学[M].北京:清华大学出版社,1998.

[11] 周晓泉,周文桐.认识流动,认识流体力学——从时间权重到相似理论水利电力[M].北京:中国水利水电出版社,2023.

[12] 齐清兰.有限差分法在计算流体力学中的应用(续)[J].河北工程技术高等专科学校学报,1995(3/4):50-59.

[13] 王敞亮.CFD 控制方程中有限差分法的分析[J].中国新通信,2019(9):149-150.

[14] 赵永凯,梁启国.流体力学有限元分析中的边界条件处理[J].东北重型机械学院学报,1997,21(3):189-195.

[15] 曾晓清,吴雄华.多重网格法与有限体积法在流体力学中的应用[J].同济大学

学报(自然科学版)，1995,23(5):593-597.

[16] 任玉新,陈海昕.计算流体力学基础[M].北京:清华大学出版社,2006.

[17] 史忠军,徐敏,陈士橹.动网格生成技术[J].空军工程大学学报(自然科学版)，2003,4(1):61-64.

[18] Wang D，Randolph M F，White D J. A dynamic large deformation finite element method based on mesh regeneration[J]. Computers and Geotechnics，2013, 54(10):192-201.

[19] Zhou P，Zhang J Y，Li T，et al. Numerical study on wave phenomena produced by the super high-speed evacuated tube maglev train[J]. Journal of Wind Engineering and Industrial Aerodynamics：The Journal of the International Association for Wind Engineering，2019, 190:61-70.

[20] He L,Zheng J,Zheng Y, et al. Parallel algorithms for moving boundary problems by local remeshing [J]. Engineering Computations, 2019, 36（8）: 2887-2910.

[21] Cees H，Ruben V，Mudde R F. Inter-compartment interaction in multi-impeller mixing part II：Experiments，Sliding mesh and Large Eddy Simulations [J].Chemical Engineering Research & Design，2018,136:886-899.

第3章　高速列车过地面车站
站台数值仿真模拟

近些年,随着我国铁路行业的不断发展,越来越多的城市修建了市域铁路。为了解决城市居民出行需求与用地紧张之间的矛盾,修建地下车站显然成为比较好的选择,但涉及地下车站的一系列空气动力学问题也随之而来。当列车高速过站时,所引发的强烈气动效应不可避免地会对周围区域产生压力场,从而对周围环境产生影响。随着列车速度的提高,这种空气动力学效应会愈发明显,成为高速铁路车站设计中必须着力解决的关键技术问题。

仿真技术利用数字化手段对真实物理世界进行模拟,已经逐步发展成为企业产品转型、创新发展和技术突破的最基本手段。仿真技术产生之初主要是为产品设计服务,用于对产品特性进行预测或确认。随着技术和应用的发展,仿真技术逐步拓展到制造模拟和实验模拟。当前,仿真技术主要集中在3个常规化应用方面,即产品仿真、工艺(制造)仿真和试验仿真(或称虚拟试验)。

我国高速铁路线路众多,地面站台大小不一,站台结构不同,车站雨棚形状、设置高度不同,乘车站台上方的雨棚类型可分为有柱雨棚和无柱雨棚。站台上方设置有柱雨棚时,在轨道上方留有泄压空间,有助于同外界进行空气流通。一些大型车站的乘车站台设置无柱雨棚,除了具有美观性以外,还同时保证了站内具有足够的泄压空间。一些中小型地面站及高架站,顶棚高度不一,加装站台门后,站内原有的泄压空间缩小,列车高速正线通过站台时,列车风压会对站台门产生冲击。本章以站台门表面风压和过站列车风速变化为研究对象,数值仿真列车高速通过正线站台。

一般对高速列车过站时的数值模拟计算步骤如下:

1. 仿真模型建立

(1) 站台模型建立

以地面站台为参照,运用三维建模软件建立站台的三维模型,站内设置双线轨道,道床简化成光滑平面,轨道两侧为站台所在区域,均为正线站台,在距离站台边缘处,布置站台门。

(2) 列车仿真模型

根据实际运营车型建立简化的仿真车型。不考虑转向架、车门等细小部件的影响,车体表面光滑处理,列车采用三编组,只包括一节车头、一节车身和一节车尾,车头和车尾呈镜像对称结构。

2. 网格模型划分

列车过站属于一个动态过程,列车相对于车站时刻处于运动状态,本次仿真模拟列车过站使用滑移网格技术,滑移网格要求预先设定两个不同的区域,分别对列车所在的域和站台所在的域进行网格划分,最后进行网格组装。滑移网格计算时最大误差出现在两个区域的交界处,因此需要对交界面进行网格加密处理。

(1) 列车所在区域网格划分

考虑到计算模型较大以及六面体网格良好的计算精度,采用 ICEM - CFD 对列车区域进行六面体结构化网格划分,通过 O - BLOCK 形式对列车进行边界层网格划分,并对列车头部、尾部以及区域边界进行网格加密。

(2) 站台所在区域网格划分

以同样的方法对站台所在的外流场区域进行六面体结构化网格划分,对外流域的交界面以及所关心的站台门监测区域进行网格加密。最终网格组装后形成完整计算流场网格。

3. 计算参数设定

(1) 边界条件设置

求解计算采用流体计算软件 Fluent,采用滑移网格技术模拟列车过站最重要的就是设置两个区域的网格交界面为 Interface 滑移交界面,用于区域间的数据交换。外流场边界选择压力远场边界,车体表面、站台面、站台门以及地面设置为无滑移边界条件。

(2) 求解参数及监测点设置

采用 Fluent 求解非定常不可压缩流动 RANS 方程和 Realiable k -ε 两方程湍流模型,近壁区域采用标准壁面函数法,对过站列车风进行数值模拟。压力远场边界只能应用于密度是理想气体的情况,这里流体选择理想气体。指定列车所在运动区域的移动速度,用有限元体积法离散方程,动量、能量、k 和 ε 方程中的对流项采用一节迎风格式离散,扩散项采用中心差分格式离散,压力速度耦合采用 SIMPLE 算法。

设定时间步长为 0.005 s,根据不同运动速度选择相应的迭代步数,每个时间步长最大迭代计算步数为 30 步,模拟列车从站台一端出发到通过整个站台的过程。

4. 计算工况输入

将项目实际运营工况作为工况条件,进行计算。

5. 结果分析

输出各监测点位置风压随时间变化数据生成风压–时间曲线,确定曲线中该监测点位置的最大正压值和最大负压值。

3.1 仿真模型建立

3.1.1 地面车站及站台仿真模型

如图 3.1 所示,以常规地面站台为参照,利用三维软件 Pro/E5.0 建立站台仿真模型,站内设置双线轨道,道床简化成光滑平面,轨道两侧为站台所在区域,均为正线站台,在站台两侧沿轨道方向均布置半高站台门,站台上方设有无柱雨棚,雨棚分为半封闭式和封闭式两种结构,雨棚宽度大于站台宽度。站台区域长 100 m,每侧站台宽 10 m,站台门高 1.5 m,滑动门和固定门厚度均为 100 mm,滑动门开度为 2 m,雨棚距站台表面高度为 6.5 m,站台门按照计算工况距站台边缘不同距离进行设置。

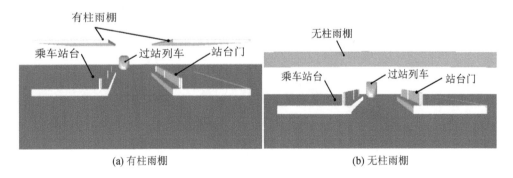

(a) 有柱雨棚   (b) 无柱雨棚

图 3.1 不同雨棚结构的地面乘车站台

如图 3.2 所示为列车过站运行距离示意图。列车从距站台入口 50 m 处出发,以不同速度通过站台轨行区,至车尾离开站台出口一定距离停止。如图 3.3 所示为乘车站台所在的外流场区域,流场区域采用半圆柱式结构,整个计算区域长为 410 m,半径为 150 m。通过设定外流场边界条件,即可模拟列车正线通过地面乘车站台。

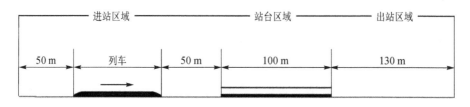

图 3.2　列车运行距离示意图

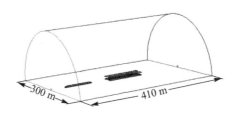

图 3.3　外流场计算区域

3.1.2　列车仿真模型

仿真车型包括两种,如图 3.4(a)所示,以流线型车头为代表的动车组车型为参考建立的简化仿真车型 1,列车横截面高 3.7 m、宽 3.2 m,总长度 80 m;如图 3.4(b)所示,以扁平头为代表的磁浮类车型为参考建立的简化仿真车型 2,车头属于扁平头形状,列车横截面高 3.4 m、宽 3.3 m,总长度 74 m。两种车型均不考虑转向架、车门等细小部件的影响,车体表面光滑处理。列车采用三编组,包括一节车头、一节车身和一节车尾,车头和车尾呈镜像对称结构。

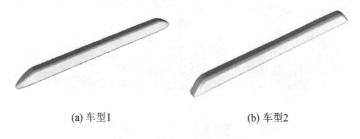

(a) 车型1　　　　　　　　　　(b) 车型2

图 3.4　列车三维仿真模型

3.2 列车过站网格模型

列车过站属于一个动态过程,列车相对于车站时刻处于运动状态。这里模拟列车过站使用滑移网格技术,滑移网格要求预先设定几个不同的区域,分别对列车所在的域和站台所在的域进行网格划分,最后进行网格组装。滑移网格计算时最大误差出现在两个区域的交界处,因此采取交界面进行局部网格加密的方法来减小计算误差。

3.2.1 列车所在区域网格划分

考虑到计算模型较大以及六面体网格良好的计算精度,采用 ICEM – CFD 对列车区域进行六面体结构化网格划分,通过 O – BLOCK 形式对列车进行边界层网格划分,并对列车头部、尾部以及计算区域边界进行网格加密。按照网格质量 0 – 1 区间,模型整体网格质量大于 0.65,在控制整体网格数量和计算时间前提下,可视化调整不同位置的网格大小,并通过仿真计算对比结果,最终确定最小网格尺寸为 10 mm,最小尺寸位于列车头部。车型 1 车体表面网格如图 3.5(a)所示,车型 2 车体表面网格如图 3.5(b)所示。

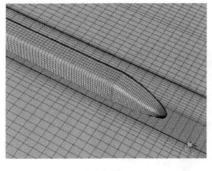

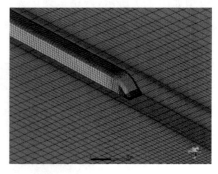

(a) 车型1   (b) 车型2

图 3.5 列车车体表面局部网格

3.2.2　站台所在区域网格划分

以同样的方法对站台所在的外流场区域进行六面体结构化网格划分,对外流域的交界面以及所关心的站台门监测区域进行网格加密,最小网格尺寸在滑移区域交界面处为 20 mm,根据计算精度需求确定网格总数。如图 3.6(a)和(b)所示为不同雨棚结构的站台表面局部网格分布。

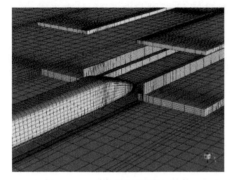 

(a) 有柱雨棚车站　　　　　　　　　　　(b) 无柱雨棚车站

图 3.6　站台表面局部网格

基于滑移网格技术,采用网格组装方法,利用 ANSYS - ICEM 软件,将列车所在计算域网格模型和站台所在外流场计算域网格模型进行组装,最终计算的流场整体网格模型如图 3.7 所示,网格呈现边界稀疏、局部加密的特点。最终,基于站台门不同设置距离和雨棚类型,结合计算精度和计算时间考虑,确定整体网格的总数量。

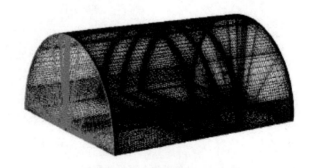

图 3.7　流场整体网格分布

3.3　计算参数设定

3.3.1　边界条件设置

求解计算采用流体计算软件 Fluent,采用滑移网格技术模拟列车过站,设置两个区域的交界面为 Interface 滑移交界面,用于区域间的数据交换。外流场边界选择压力远场边界,车体表面、站台面、站台门、无柱顶棚以及地面设置为无滑移边界条件。

3.3.2　求解参数及监测设置

采用 Fluent 求解非定常不可压缩流动 RANS 方程和 Reliable k - ε 两方程湍流模型,近壁区域采用标准壁面函数法,数值仿真列车过站。这里外流场边界采用压力远场,流体确定为理想气体。设置列车所在运动区域的移动速度,用有限元体积法离散方程,动量、能量、k 和 ε 方程中的对流项采用一节迎风格式离散,扩散项采用中心差分格式离散,压力速度耦合采用 SIMPLE 算法。设定时间步长为 0.005 s,根据不同运动速度选择相应的迭代步数,每个时间步长最大迭代计算步数为 30 步,模拟列车从站台一端出发到通过整个站台的过程。如图 3.8 所示为设置的站台门风压监测点。

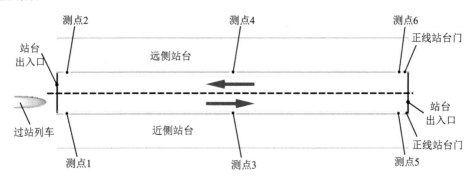

图 3.8　站台门风压监测点

3.4 结果分析

选择车型 1 作为过站列车,站台门设置在距站台边缘 1 000 mm 的位置,模拟列车以 350 km/h 的速度通过有柱雨棚车站。分析车体表面风压分布特点和车体表面流迹线分布;分析不同时刻站内风压分布情况;监测不同位置站台门表面承受的风压随过站时间变化规律;监测站台不同位置的列车风速变化。

3.4.1 过站列车车体表面风压和流线分布

如图 3.9 所示为车型 1 以 350 km/h 进站某时刻的车体表面风压分布,列车表面最大正压主要集中在车头和车尾处,在车头和直线车身相交会处表现出明显的负压区,且负压值较大。该时刻列车表面最大正压为 555.8 Pa,最大负压为 2 213 Pa。如图 3.10 所示为车型 1 车体表面的流线分布,由于空气的黏性特点,列车通过时周围的空气附着在车身表面。当列车以 350 km/h 运行时,列车近壁区域的风速和列车运行速度相同,达到 97.22 m/s。

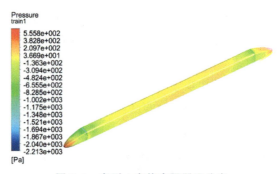

图 3.9　车型 1 车体表面风压分布

图 3.10　车型 1 车体表面流线分布

3.4.2 列车过站不同时刻站内流场变化

如图 3.11~图 3.15 所示为列车从出发到通过站台区域不同时刻的站内流场分布,列车从距站台入口 50 m 处出发,0~0.51 s,列车逐渐驶近站台入口处,0.51 s 时车头到达站台区入口位置;0.51~1.39 s,列车进入站台区域;2.4 s 时列车车尾驶离站台区;2.4~2.88 s,列车驶出站台继续行驶,到 2.88 s 列车停止。整个过程列车运行 280 m。

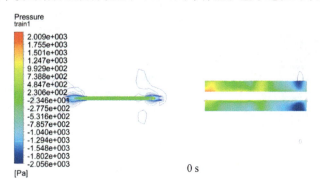

0 s

图 3.11 列车距站台一定距离出发

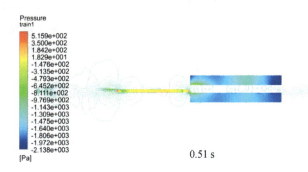

0.51 s

图 3.12 车头到达站台入口的站内流场

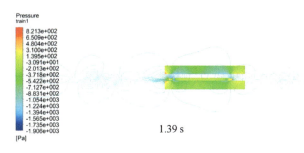

1.39 s

图 3.13 列车进入站台区的站内流场

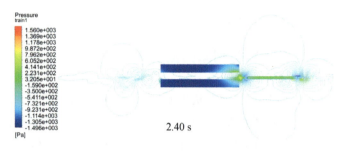

2.40 s

图 3.14　列车驶出站台区的站内流场

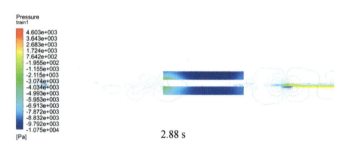

2.88 s

图 3.15　列车驶离站台的站内流场

从图中可以看出,列车高速运行时,在车头和车尾区域会产生明显的涡流,其中车尾的涡流影响更加显著。列车车尾行驶到距站台出口 50 m 时,站台入口处仍存在风压变化,列车通过站台时会留下较长的尾迹影响区。列车穿过站台对站台区域的影响主要集中在车头和车尾,车身对站台区域影响较小,车头和车尾是引起过站风压发生瞬变最剧烈和对站台门影响最大的区域。

3.4.3　站台中部垂直方向不同时刻的流场变化

如图 3.16～图 3.18 所示为几个典型时刻站台中部垂直于列车运行方向上站内的流场分布。0～0.95 s,列车逐渐进站并靠近站台中部;0.95 s 时,车头接近站台中部站台门,此时列车引起的列车风影响到站台乘车区,站台门门体上方风压变高;1.025 s 时,车头到达站台中部,站台区风压变小,最大风压集中在车头区域,受站台门良好的阻隔效应,乘车站台区风压较小;1.39～1.505 s,车身通过站台中部时流场趋于稳定,由于列车运动带动周围空气的流动,车体周围风压小于其他区域。1.875 s 时,列车车尾驶离站台中部,此时风压较大区域集中在车尾处;到 2.265 s 时,随着车尾的通过,周围空气向车尾补充汇集,轨行区压力增大。

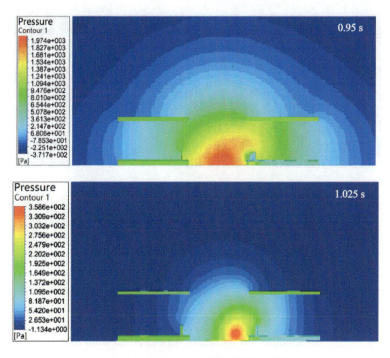

图 3.16　车头靠近站台中部截面时的风压分布

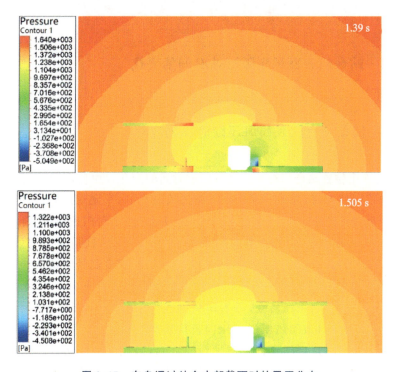

图 3.17　车身通过站台中部截面时的风压分布

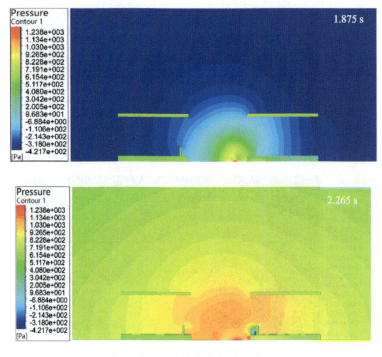

图 3.18 列车离开站台中部截面时的风压分布

3.4.4 站台门表面风压随过站时间的变化

1. 不同位置站台门表面风压随时间的变化

如图 3.19~图 3.21 所示为列车以 350 km/h 的速度通过站台时,设置距离为 1 000 mm 的 3 个位置站台门表面所受风压随时间的变化。由监测曲线可知,列车车头通过站台不同位置时,远侧站台门最先受到风压影响,车尾通过时,两侧站台门表面所受风压最大值的影响时间相差不大。随车头通过,站台门表面风压由正压向负压变化。车尾通过时,站台门表面风压由负压向正压变化,这是由于列车过站速度快,带动车头前方的空气向前流动,引起正线近侧站台门表面处于负压状态,远侧正线站台门受影响不明显。车头到达站台时,列车与站台门之间的空气受挤压,引起站台表面风压逐渐向正压转变,随着车头通过,列车会带走车体表面与站台门之间的空气,引起站台门表面风压由正压向负压转变。列车车身通过站台时,列车会持续带走车-门区域的空气,在列车与站台门之间形成负压区,站台门始终受负压。车尾通过的瞬间,站台门表面负压发生瞬变,站台门表面风压由负压向正压瞬变,随后站台门表面风压逐步降低。相比于车头和车尾,车身引起站台门表面的负压较小。

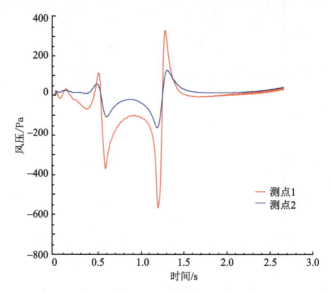

图 3.19 入口站台门承受的风压随时间的变化

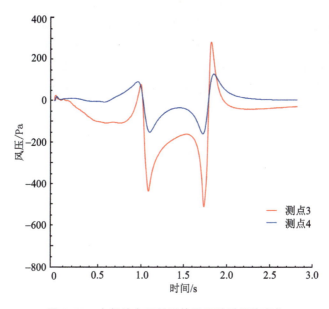

图 3.20 中部站台门承受的风压随时间的变化

2. 站台门表面最大风压分布

表 3.1 所列为不同位置站台门表面的最大风压,由表可知,对于双线正线站台,

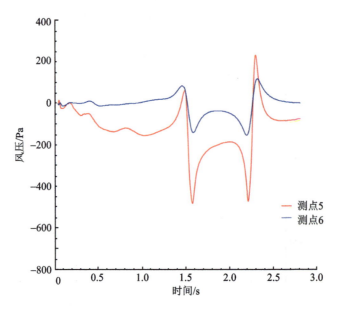

图 3.21　出口站台门承受的风压随时间的变化

列车风对近侧站台门影响较大,远侧站台门受风压影响小,近侧站台门表面负压是远侧站台门表面负压的 2 倍以上。车头和车尾是对站台门影响最大的位置,其中车尾的影响最为不利。列车车头通过时,正线近侧测点最大负压表现为测点 5＞测点 3＞测点 1,正线近侧测点最大正压表现为测点 1＞测点 3＞测点 5。出口处近侧站台门受影响最大,最大负压为−504 Pa;入口处站台门最大正压为 121 Pa。列车车尾通过时,正线近侧测点最大风压表现为测点 1＞测点 3＞测点 5,入口处站台门受影响最大,最大负压为−603 Pa,最大正压为 351 Pa。从整体来看,过站列车引起站台门表面负压较大,会对站台门产生偏向轨道侧的“吸附”作用。

表 3.1　不同位置站台门承受的最大风压

站台门位置	监测点	车头通过		车尾通过	
		最大正压/Pa	最大负压/Pa	最大负压/Pa	最大正压/Pa
入口站台门	1	121	−394	−603	351
	2	62	−114	−173	135
中部站台门	3	84	−459	−537	297
	4	96	−160	−169	135
出口站台门	5	68	−504	−495	247
	6	91	−145	−159	128

3.4.5 350 km/h 过站明线站台风速变化

如图 3.22～图 3.24 所示为列车以 350 km/h 的速度过站,距站台边缘 10 000 mm 位置、1 500 mm 高度处在垂直于列车运行方向上的列车风速随时间的变化,车头和车尾通过引起列车周围风速发生瞬变,车尾通过引起列车风速变化大于车头;列车车尾通过站台中部时,距站台边缘 1 000 mm 位置处风速达到 21 m/s,远超站台乘客允许承受的最高风速 14 m/s。

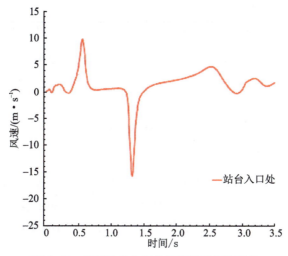

图 3.22　近侧站台入口处风速随时间的变化

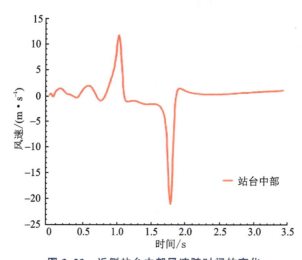

图 3.23　近侧站台中部风速随时间的变化

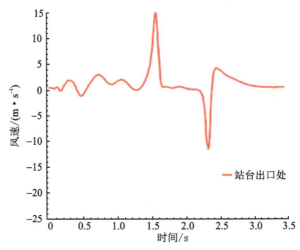

图 3.24 近侧站台出口处风速随时间的变化

3.5 本章小结

本章仿真模拟车型 1 以 200 km/h 的速度通过有柱雨棚站台,分析不同时刻列车在站内不同位置时的流场变化;分析列车通过站台中部时,垂直于过站方向上典型时刻的流场变化;监测不同位置站台门表面风压随时间的变化以及站台不同位置处的列车风速变化。

① 车头和车尾引起站台门表面风压发生骤变,且车尾通过引起站台门表面最大风压大于车头,站台门承受的最大负压大于最大正压。

② 列车车身通过时,站台门始终受负压影响,但压力值远小于车头和车尾通过。

③ 对于地面双线正线站台且设置有柱雨棚,列车风压对近侧站台的站台门的影响远大于远侧站台门,近侧站台门表面最大风压是远侧站台门的 2 倍之多,近侧站台门表面最大风压分布特点为入口站台门>中部站台门>出口站台门。

④ 列车以 250 km/h 的速度过站时,站台中部距站台边缘 1 000 mm、高 1 500 mm 位置处的列车风速达到 21 m/s,远超站台乘客允许承受的最高风速 14 m/s。

参考文献

[1] 王建仓.京张城际高速铁路八达岭地下车站空气动力学效应研究[D].成都:西南

交通大学,2016.

[2] 上海铁路局.高速铁路施工工序管理要点:第 6 册 无站台柱雨棚[M].北京:中国铁道出版社,2010.

[3] 刘辉跃.探究仿真技术在机械设计制造过程中的应用[J].科技资讯,2020,18(10):37,39.

[4] 赵龙,杨启森.安世亚太:向制造工艺仿真延伸[J].智能制造,2015(12):19-20.

[5] 马康贤.数字化仿真技术在复杂产品制造中的应用[J].航空动力技术,2009(1):30-33.

[6] 孔令宁.仿真技术在机械设计制造中的应用研究[J].南方农机,2021,52(6):118-119.

[7] 金海,等.新广州火车站高速列车过站数值模拟研究[J].建筑科学,2010,26(3):58-61.

[8] 王连鸿.基于交通与用地协调发展的城市更新规划研究[D].大连理工大学,2015.

[9] 刘传鹏.国家铁路局发布行业标准《市域(郊)铁路设计规范》[J].铁道技术标准(中英文),2021,3(1):110-113.

第4章 不同影响因素下站台连续体表面的风压变化

列车高速过站对站台门承受的风压提出了不同要求。本章从过站速度、站台门设置距离、过站车型以及乘车站台雨棚结构考虑，研究了列车过站时4种因素对站台门表面风压的影响。

4.1 过站速度对站台门承受的风压及风速的影响

选车型1作为过站列车，站台门设置距站台边缘1 000 mm，规定列车距站台50 m的位置出发，分别以250 km/h、300 km/h、350 km/h的速度通过有柱雨棚站台，直到列车车尾驶离站台区50 m位置停止。监测双线站台两侧6个位置的站台门表面风压随时间的变化。

4.1.1 不同过站速度站台门承受的风压随时间的变化

如图4.1～图4.3所示为不同位置站台门承受的风压随过站时间变化的监测曲线，从监测曲线可看出，随着列车车速的提高，站台门所承受的最大正负风压值均呈现增大态势。列车通过时两侧站台门受车头和车尾的影响变化趋势相同，车头和车尾通过，引起站台门承受的风压发生瞬变。受距离影响，远侧站台门受风压影响远小于近侧站台门，列车以350 km/h速度过站时，车尾引起远侧站台门表面最大风压小于200 Pa。当车尾通过时，速度提高引起近侧站台入口处和中部站台门的负压增长明显；对于近侧站台出口处站台门，车头和车尾通过时，速度变化引起站台门的负压增长均较大。

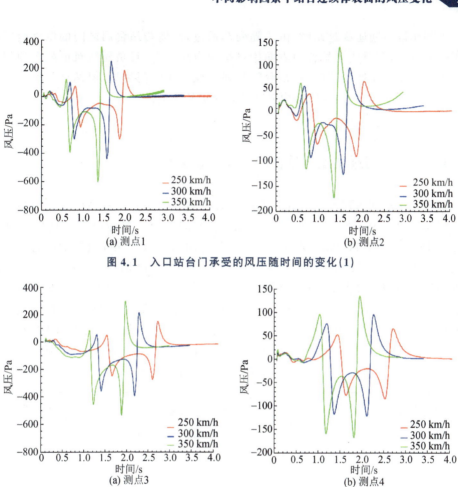

图 4.1　入口站台门承受的风压随时间的变化 (1)

图 4.2　中部站台门承受的风压随时间的变化 (1)

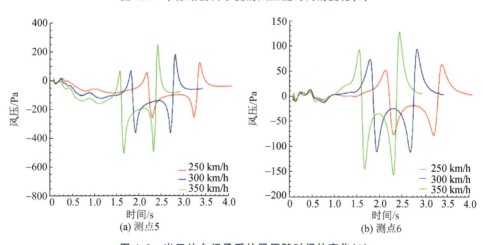

图 4.3　出口站台门承受的风压随时间的变化 (1)

当列车以不同速度过站时,由于随列车通过,车体与站台门之间的空气会随着列车一起运动,车身使得站台门表面始终呈现负压状态,且负压绝对值随车速提高而增大。随着过站速度的提高,站台门受列车风作用时间变短,但站台门表面瞬变压力变化频率加快,对站台门结构强度具有一定的影响。

4.1.2 不同过站速度站台门承受的最大风压

如表4.1所列为列车以3种速度过站时监测到的不同位置站台门表面最大风压。列车以250 km/h过站时,1 000 mm设置的站台门表面最大正负压分别为182.39 Pa和−301.86 Pa;列车以300 km/h过站时,1 000 mm设置的站台门表面最大正负压分别为247.84 Pa和−441.74 Pa;列车以350 km/h过站时,1 000 mm设置的站台门表面最大正负压分别为351.40 Pa和为−603.71 Pa。列车运行速度从250 km/h增长到300 km/h和350 km/h时,两种速度下站台门承受的最大正压的增长幅度分别为65.45 Pa和103.56 Pa。两种速度下站台门承受的最大负压的增长幅度分别为139.88 Pa和161.97 Pa,正压随车速变化增长幅值大于负压。

表4.1 不同速度下测点的最大风压

过站车型	雨棚结构	设置距离/mm	过站速度/(km·h⁻¹)	站台门位置	监测位置	最大正压/Pa	最大负压/Pa
车型1	有柱雨棚	1 000	250	入口处	测点1	182.39	−301.86
					测点2	65.51	−88.48
				中部	测点3	148.51	−276.34
					测点4	65.42	−85.58
				出口处	测点5	124.85	−259.44
					测点6	62.88	−79.11
			300	入口处	测点1	247.84	−441.74
					测点2	93.40	−125.12
				中部	测点3	215.71	−396.16
					测点4	96.22	−122.59
				出口处	测点5	181.84	−365.05
					测点6	93.66	−112.07
			350	入口处	测点1	351.40	−603.71
					测点2	135.17	−172.88
				中部	测点3	296.85	−537.09
					测点4	135.28	−168.59
				出口处	测点5	247.30	−504.01
					测点6	128.05	−158.65

如图 4.4 所示为 3 种过站速度下不同位置站台门表面的最大风压,站台门承受的风压和速度成正比。不同速度下,最大正负压均位于近侧站台入口位置的站台门,且均由车尾通过引起。列车以 3 种速度过站时,站台门承受的风压均呈现入口站台门>中部站台门>出口站台门的特点。

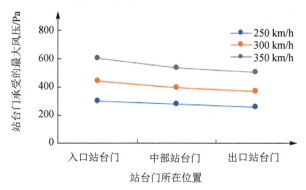

图 4.4 不同速度不同位置站台门承受的最大风压

4.1.3 不同过站速度通过明线站台时的风速变化

如图 4.5~图 4.7 所示为不同速度过站时,近侧站台中部垂直于列车运行方向的列车风速随过站时间的变化。由图中可知,列车风速同列车过站速度成正比。车头和车尾通过引起列车风发生瞬变,车身引起风速变化较小,且由于车头通过排挤空气和车尾带走空气的缘故,列车风呈现正负值的变化。在距站台边缘 1 000 mm、距站台 1 500 mm 高度处,250 km/h 过站时,监测到近侧站台中部最大风速为 9.5 m/s,300 km/h 过站时,监测到近侧站台中部最大风速为 14 m/s。

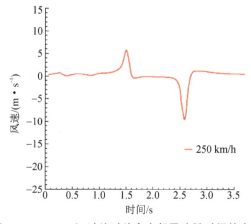

图 4.5 250 km/h 过站时站台中部风速随时间的变化

73

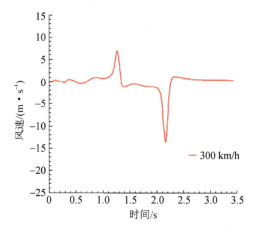

图 4.6　300 km/h 过站时站台中部风速随时间的变化

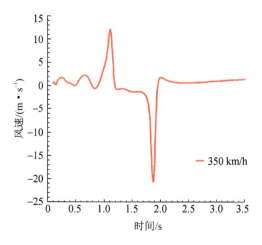

图 4.7　350 km/h 过站时站台中部风速随时间的变化

4.2　设置距离对站台门承受的风压的影响

车型 1 作为过站列车,过站速度选择 350 km/h,站台门分别设置距站台边缘 200 mm、500 mm、700 mm、1 000 mm,规定列车距站台 50 m 位置出发,直到列车车尾驶离站台区 50 m 位置停止。监测双线站台两侧 6 个位置的站台门表面风压随时间的变化。

4.2.1 不同设置距离的站台门承受的风压随时间的变化

如图4.8~图4.10所示为列车以350 km/h速度过站时,不同位置的站台门在不同设置距离下承受的风压随过站时间的变化。

站台门设置距离从200 mm、550 mm、700 mm、1 000 mm变化时,随着站台门设置距离的增大,站台门承受的风压逐渐减小。车头和车尾通过不同位置站台门时,站台门表面承受的风压呈现正负压交替突变状态,且当车尾通过时,站台门表面正负压变化最大,车尾通过时对站台门影响最为不利。

站台门在200 mm设置时,近侧站台的站台门表面风压呈现较大波动的状态,设置距离从550 mm开始,未监测到站台门表面压力较大波动。由图4.8(a)、图4.9(a)、图4.10(a)可知,站台门在200 mm、550 mm、700 mm设置时,350 km/h过站引起近侧站台的站台门在列车通过后仍会受到列车风的影响,尤其是入口处的站台门,受影响最为明显。对于双线站台,远侧站台的站台门距列车车体较远,所受风压较小。

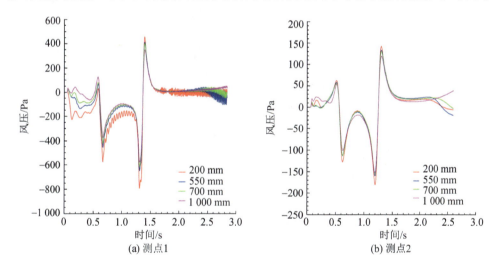

(a) 测点1 (b) 测点2

图4.8 入口站台门承受的风压随时间的变化(2)

4.2.2 不同设置距离下站台门承受的最大风压

如表4.2所列为站台门不同设置距离下,各个位置的站台门承受的最大正负压

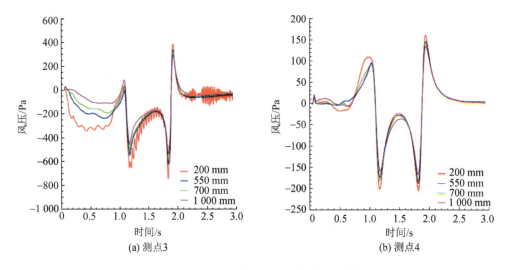

(a) 测点3　　　　　　　　　　(b) 测点4

图 4.9　中部站台门承受的风压随时间的变化(2)

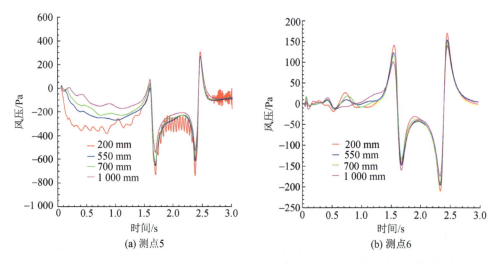

(a) 测点5　　　　　　　　　　(b) 测点6

图 4.10　出口站台门承受的风压随时间的变化(2)

值。350 km/h 过站,站台门 200 mm 设置时,最大正压为 459.84 Pa、最大负压为
−824.62 Pa;站台门 550 mm 设置时,最大正压为 413.99 Pa、最大负压为−676.34 Pa;
站台门 700 mm 设置时,最大正压为 403.34 Pa、最大负压为−642.84 Pa,车尾通过
引起站台门表面的负压值较大。从表中可以看出,不同设置距离下,入口处和中部
站台门承受的最大负压小于最大正压,是它的 1/2;出口处站台门表面承受的最大负
压大于最大正压,是它的 2 倍。

　　如图 4.11 所示为不同设置距离下站台门表面的最大风压,由表 4.2 可知站台门承受的风压和设置距离成反比。从整体来看,有柱雨棚站台不同设置距离下的站台门风压分布特点为入口站台门＞中部站台门＞出口站台门。

表 4.2　不同设置距离下测点最大风压

过站车型	雨棚结构	过站速度/(km·h⁻¹)	设置距离/mm	站台门位置	监测位置	最大正压/Pa	最大负压/Pa
车型 1	有柱雨棚	350	200	入口处	测点 1	459.84	−824.62
					测点 2	160.11	−204.68
				中部	测点 3	385.06	−747.23
					测点 4	161.10	−205.21
				出口处	测点 5	284.35	−687.82
					测点 6	155.26	−190.86
			550	入口处	测点 1	413.99	−676.34
					测点 2	150.79	−181.14
				中部	测点 3	335.55	−624.41
					测点 4	145.47	−188.11
				出口处	测点 5	250.30	−607.32
					测点 6	140.25	−177.94
			700	入口处	测点 1	403.34	−642.84
					测点 2	147.22	−175.76
				中部	测点 3	329.71	−591.27
					测点 4	143.37	−181.76
				出口处	测点 5	246.49	−592.88
					测点 6	135.55	−173.40
			1 000	入口处	测点 1	351.40	−603.71
					测点 2	135.17	−172.88
				中部	测点 3	296.85	−537.09
					测点 4	135.28	−168.59
				出口处	测点 5	247.30	−504.01
					测点 6	128.05	−158.65

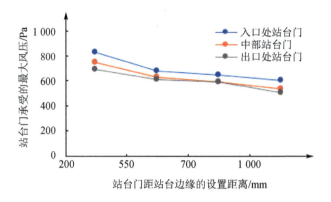

图 4.11　不同设置距离下站台门承受的最大风压

4.3　过站车型对站台门承受的风压的影响

站台门设置距站台边缘 1 000 mm，1 型车和 2 型车从距站台入口 50 m 位置出发，分别以 250 km/h、350 km/h 通过有柱雨棚站台，到列车车尾驶离站台区 50 m 位置停止。监测双线站台两侧 6 个位置的站台门表面风压随时间的变化。

4.3.1　两种车型不同速度过站站台风压随时间的变化

1. 不同车型 250 km/h 过站站台门承受的风压随时间的变化

如图 4.12～图 4.14 所示为两种车型以 250 km/h 过站时，站台不同位置的站台门承受的风压随时间的变化，相比于车型 2，车型 1 车头具有更好的流线型，引起站台门表面最大风压更小。如图 4.12(a)所示，两种车型通过引起近侧站台入口站台门表面最大正压相差较小，车型 2 车头和车尾通过引起入口站台门表面最大负压均大于车型 1，尤其车型 2 车尾通过引起站台门的负压影响更为显著。如图 4.14(a)所示，两种车型通过引起近侧站台的出口站台门最大正压相差较小，车型 2 车头和车尾通过引起近侧站台的入口站台门最大负压均大于车型 1，其中车型 2 车头通过引起站台门的负压影响更为显著。其他测点两种车型通过时站台门表面风压相差较小。

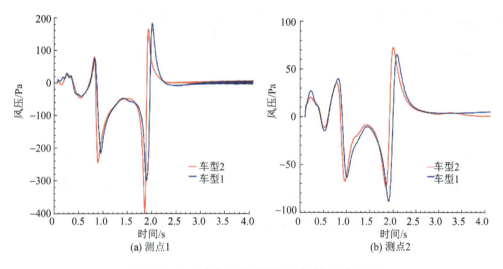

图 4.12　入口站台门承受的风压随时间的变化(3)

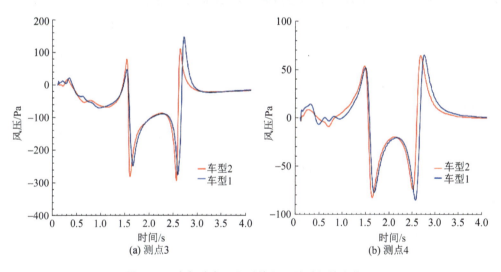

图 4.13　中部站台门承受的风压随时间的变化(3)

2. 不同车型 350 km/h 过站站台门承受的风压随时间的变化

如图 4.15～图 4.17 所示为两种车型以 350 km/h 过站时,站台不同位置的站台门承受的风压随时间的变化。如图 4.15(a)所示,两种车型通过引起近侧站台入口站台门表面最大正压相差较小,车型 2 车头和车尾通过引起入口站台门表面最大负压均大于车型 1,尤其车型 2 车尾通过引起站台门的负压影响更为显著。如图 4.17(a)所示,两种车型通过引起近侧站台出口站台门表面最大正压相差较小,车型 2 车头和

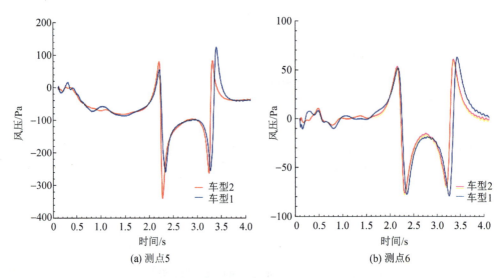

(a) 测点5　　　　　　　　　　　　　　(b) 测点6

图 4.14　出口站台门承受的风压随时间的变化(3)

车尾通过引起近侧站台入口站台门表面最大负压均大于车型 1,其中车型 2 车头通过引起站台门的负压影响更为显著。两种车型通过时,站台门其他测点的风压相差较小。

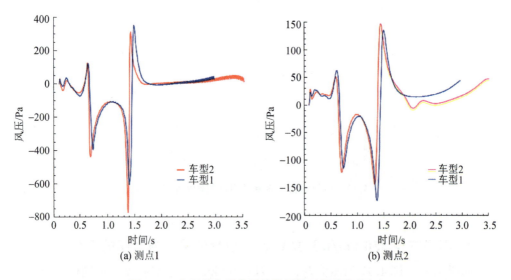

(a) 测点1　　　　　　　　　　　　　　(b) 测点2

图 4.15　入口站台门承受的风压随时间的变化(4)

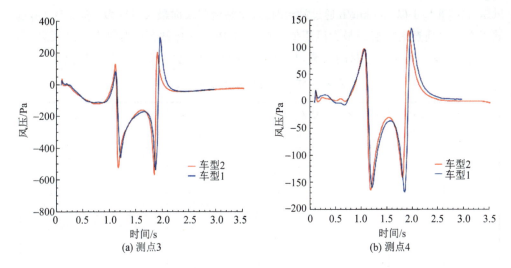

图 4.16 中部站台门承受的风压随时间的变化(4)

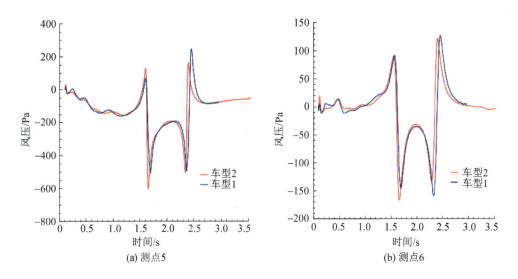

图 4.17 出口站台门承受的风压随时间的变化(4)

4.3.2 两种车型不同速度过站站台门承受的最大风压对比

如表 4.3 所列,1 000 mm 位置设置站台门时,车型 2 以 250 km/h 通过有柱雨棚车站时,站台门表面最大风压为-399.55 Pa;车型 2 以 350 km/h 过站时,站台门表面最大风压达到-773.11 Pa。如图 4.18 所示为两种车型过站时站台门承受的最大风压对比,车型 1 以 350 km/h 通过站台时,入口站台门表面最大风压为 −603.71 Pa,远低于车型 2 通过时引起的最大风压值 −773.11 Pa。对比站台门监测点的最大风压,明显看出,受两种车头形状的影响,车型 1 车头流线型更好,对站台门影响更小。

表 4.3   车型 2 过站测点最大风压

过站车型	雨棚结构	设置距离/mm	过站速度/(km·h⁻¹)	站台门位置	监测位置	最大正压/Pa	最大负压/Pa
车型 2	有柱雨棚	1 000	250	入口	测点 1	164.23	−399.55
					测点 2	72.31	−73.22
				中部	测点 3	111.24	−295.18
					测点 4	64.41	−83.20
				出口	测点 5	83.41	−340.86
					测点 6	60.83	−76.52
			350	入口	测点 1	311.09	−773.11
					测点 2	146.22	−143.04
				中部	测点 3	202.74	−569.24
					测点 4	130.55	−164.64
				出口	测点 5	162.53	−602.13
					测点 6	122.65	−167.13

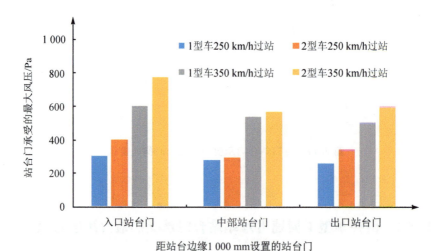

图 4.18   不同车型过站站台门承受的最大风压

4.4 站台雨棚结构对站台门承受的风压的影响

为保证乘客的候车舒适性,乘车站台顶部会设置雨棚,雨棚结构可分为无柱雨棚和有柱雨棚两种类型,即轨行侧是否封闭。在地面乘车站台设置两种类型雨棚,雨棚距站台面高度均为 6.5 m,站台门分别设置距站台边缘 700 mm、1 000 mm,1 型车距站台入口 50 m 位置出发,分别以 250 km/h、350 km/h 通过两种结构雨棚站台,到列车车尾驶离站台区 50 m 位置停止。监测双线站台两侧 6 个位置的站台门表面风压随时间的变化。

4.4.1 250 km/h 过站 1 000 mm 设置的站台门表面承受的风压

图 4.19～图 4.21 所示为站台门设置距离为 1 000 mm 时,列车以 250 km/h 过站,两种雨棚结构站台的站台门承受的风压随时间变化的对比。由图 4.19 可知,当车头通过时,两种雨棚站台入口处站台门的表面风压相差不明显;当车尾通过时,无柱雨棚站台的站台门表面承受的负压大于有柱雨棚站台的站台门,尤其是远侧站台门。由图 4.20 可知,站台中部的近侧站台门表面风压变化不大,无柱雨棚站台的远侧站台门受风压影响均大于有柱雨棚站台的远侧站台门。

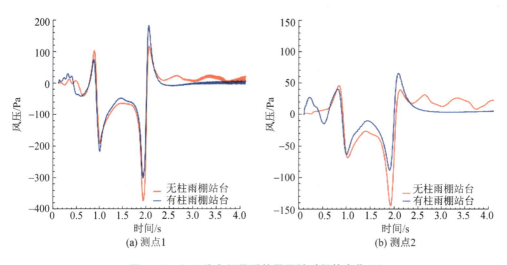

图 4.19 入口站台门承受的风压随时间的变化(5)

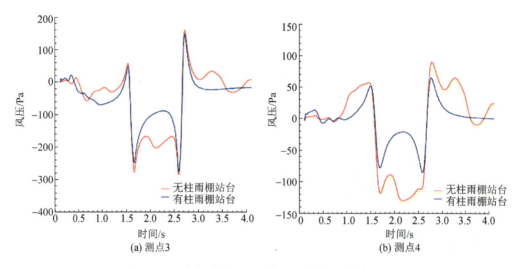

(a) 测点3　　　　　　　　　　　　　　(b) 测点4

图 4.20　中部站台门承受的风压随时间的变化(5)

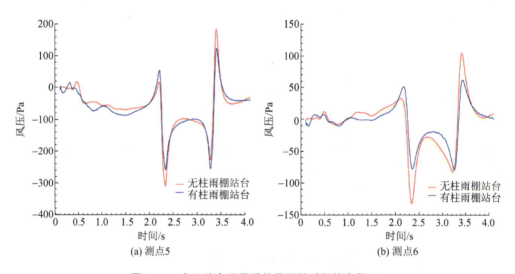

(a) 测点5　　　　　　　　　　　　　　(b) 测点6

图 4.21　出口站台门承受的风压随时间的变化(5)

由图 4.21 可知,当列车车头通过时,无柱雨棚站台的出口处站台门表面承受的负压大于有柱雨棚站台的站台门,尤其是远侧站台门;当车尾通过时,无柱雨棚站台的站台门表面承受的正压大于有柱雨棚站台的站台门,负压相差不明显。

4.4.2　350 km/h 过站两种设置距离的站台门表面承受的风压

如图 4.22~图 4.24 所示为站台门设置距离为 700 mm 和 1 000 mm 时,列车以

350 km/h 过站，两种雨棚结构站台的站台门承受的风压随时间变化的对比。车头通过引起站台门表面最大负压分布特点为无柱雨棚站台的站台门承受的风压大于有柱雨棚站台的站台门，车尾通过引起站台门最大风压分布特点为无柱雨棚站台的站台门承受的风压大于有柱雨棚站台的站台门承受的风压，尤其是远侧站台门，负压分布特点最为明显。

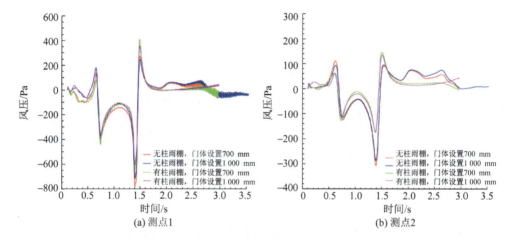

图 4.22　入口站台门承受的风压随时间的变化(6)

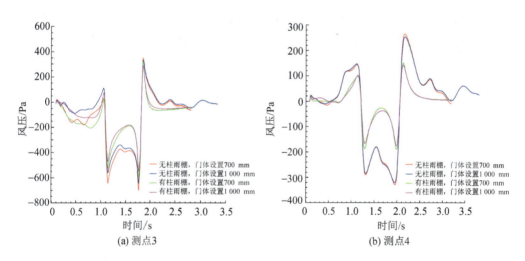

图 4.23　中部站台门承受的风压随时间的变化(6)

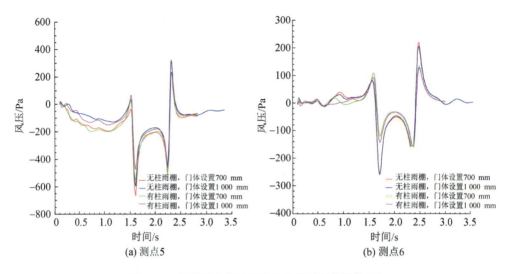

(a) 测点5 (b) 测点6

图 4.24　出口站台门承受的风压随时间的变化(6)

4.4.3　两种雨棚结构站台的站台门承受的最大风压对比

如表 4.4 所列为车型 1 以 250 km/h 速度过站时无柱雨棚站台的站台门监测位置的最大风压。当站台门设置距离为 1 000 mm 时,近侧站台的站台门最大正压为 185.11 Pa,位于出口站台门,最大负压为 −374.52 Pa,位于入口站台门。

表 4.4　250 km/h 过站站台门承受的最大风压

过站车型	雨棚类型	过站速度/（km·h^{-1}）	设置距离/mm	站台门位置	监测位置	最大正压/Pa	最大负压/Pa
车型 1	无柱雨棚	250	1 000	入口处	测点 1	115.07	−374.52
					测点 2	45.58	−145.07
				中部	测点 3	160.09	−287.84
					测点 4	90.17	−130.14
				出口处	测点 5	185.11	−309.99
					测点 6	105.35	−131.89

表 4.5 350 km/h 过站站台门承受的最大风压

过站车型	雨棚类型	过站速度/(km·h⁻¹)	设置距离/mm	站台门位置	监测位置	最大正压/Pa	最大负压/Pa
车型 1	无柱雨棚	350	700	入口处	测点 1	267.10	−783.70
					测点 2	111.60	−308.68
				中部	测点 3	357.12	−687.16
					测点 4	252.33	−315
				出口处	测点 5	338.91	−707.03
					测点 6	219.87	−263.67
			1 000	入口处	测点 1	242.46	−715.50
					测点 2	94.75	−288.33
				中部	测点 3	339.71	−630.01
					测点 4	241.31	−306.93
				出口处	测点 5	331.47	−633.20
					测点 6	205.64	−261.16

如表 4.5 所列为车型 1 以 350 km/h 速度过站时无柱雨棚站台的站台门监测位置最大风压。当设置距离为 700 mm 时,近侧站台上的站台门最大正压为 357.12 Pa,位于中部站台门;最大负压为 −783.70 Pa,位于入口站台门。当设置距离为 1 000 mm 时,近侧站台上的站台门最大正压为 339.71 Pa,位于中部站台门;最大负压为 −715.50 Pa,位于入口站台门。

如图 4.25 所示为不同雨棚结构站台的站台门表面最大风压对比,图 4.25(a)所示为站台门距站台边缘 1 000 mm 设置,列车以 250 km/h、350 km/h 两种速度过站时站台门表面最大风压对比;图 4.25(b)所示为站台门距站台边缘分别设置为 700 mm、1 000 mm,列车以 350 km/h 过站时站台门表面最大风压对比。从图中可以看出,无柱雨棚站台的站台门承受的最大风压均大于有柱雨棚站台的站台门,当站台轨行侧雨棚为无柱结构时,泄压空间较小,列车风对轨道两侧的站台门影响更大。不同于有柱雨棚站台的站台门,无柱雨棚站台的站台门最大风压分布特点为入口站台门＞出口站台门＞中部站台门。

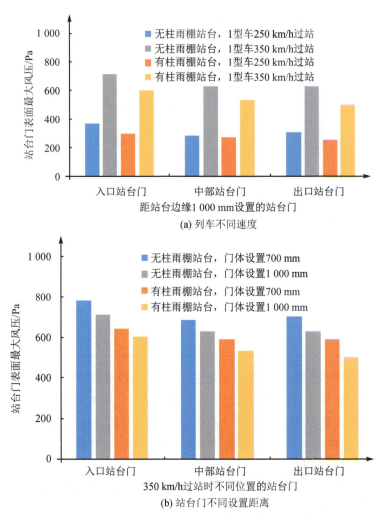

(a) 列车不同速度

(b) 站台门不同设置距离

图 4.25　不同雨棚站台的站台门承受的最大风压

4.5　本章小结

本章分析了列车过站速度、站台门设置距离、过站车型以及地面乘车站台雨棚结构 4 种因素对列车过站站台门的风压影响。研究表明：

① 有柱雨棚站台，站台门距站台边缘 200 mm、550 mm、700 mm、1 000 mm 设置，车型 1 不超过 350 km/h 过站时，参照《城际铁路站台门系统》行业标准，站台门

表面最大风压小于 1 000 Pa,站台门满足载荷设计要求。200 mm 设置时,站台门表面风压分布特点为呈波动状态,对站台门结构不利。

② 列车以 300 km/h 过站时,距站台面 1 500 mm 高度、站台边缘 1 000 mm 位置处的列车风速达到 14 m/s(站台乘客允许承受的最高风速)。

③ 车头形状对站台门影响较大,良好的流线型车头能有效降低对站台门的风压影响,列车运行速度越快,车头流线型的优点越明显。

④ 站台设置无柱雨棚时,轨行侧泄压空间明显减小,对站台门表面风压影响远大于有柱雨棚站台的站台门,且站台门表面最大风压分布特点表现为入口站台门＞出口站台门＞中部站台门。

参考文献

[1] 谭海鸥,冯海全,王志飞,等.高速列车过站对站台屏蔽门表面气压荷载的影响研究[J].现代城市轨道交通,2022(11):30-35.

第5章 高速铁路列车过站气动效应的试验研究

前面的章节介绍了高速铁路列车在过站时气动效应的仿真研究,为了检验高速铁路列车在地上明线运行和交会、地下隧道过站运行和交会时的安全性、舒适性等参数的合理性,确定高速列车过站以及隧道内会车的最高速度,需要对高速铁路列车过站时的气动效应进行现场测试。

通过现场实测,研究列车过站时流场、气压分布和风速大小,总结分布规律,研究内容主要用于指导铁路正线高速越站的相关设计,提高铁路服务水平,推动相关技术标准编制。

与此同时,现场实测数据可以用来与仿真计算数据进行交叉验证和对比,对仿真模型的准确度进行验证。

5.1 测试内容

不同运行工况下,随列车运行速度的提高,列车与周围空气的动力作用明显加剧,一方面气动力对列车本身和列车运行产生作用;另一方面,列车高速运行引起的气动现象对周围环境产生影响,这势必会对高速列车运行安全、旅客乘车舒适度、铁路周围环境噪声、隧道口附近环境保护、洞内附属设施安全等产生一定的影响。对于明线站台列车高速过站的气动效应,由于站台上防护设施的设置高度以及站台上封闭性的限制,可能会导致站台候车环境的恶化。

通过测试列车高速过站过程中,在明线或在隧道内交会时车内外瞬变压力、隧道内瞬变压力、车站上附属设施上的瞬变压力或者结构变形,验证隧道断面参数和缓冲结构设置的合理性,对高速铁路隧道设计和运营提出相关措施和建议。

针对站台附属设施进行的试验内容主要包括:

1)瞬变压力

在站台门测试位置安装气压传感器测试气压变化曲线,分析瞬变压力的变化规律,测试站台门受到的风压载荷。

2）站台门结构变形

在站台门结构外侧布置位移传感器,测试在风压载荷作用下站台门的结构变形量。

5.2　测试方法

针对列车高速过站过程中的气动压力变化情况测试研究,常见的方法为传感器采集和数据采集系统处理相结合的方式。压电类型的传感器将变化的物理量信号转变为变化的可以传输的电信号,通过连接的线路将电信号存储在数据采集系统中,采用有线或者无线的数据传输方式将采集到的数据输出到数据处理软件中进行数据的读取和处理,结合传感器标定数据以及数据处理软件将采集到的电信号转换为实际的物理量信号。

① 瞬变压力:气压传感器＋数据采集系统。

② 站台门结构变形:位移传感器＋数据采集系统。

试验系统主要由传感器、压力变送器、定位装置、多功能调理器、INV 数据采集系统和 DASP 数据处理终端等部分组成,如图 5.1 所示。

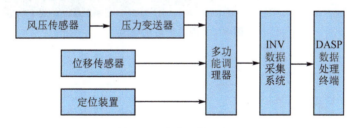

图 5.1　试验系统示意图

5.3　测试方案

测试方案的制定包括:相关的测试背景和主要测试内容介绍;测试方法和设备的介绍;测试步骤和实施注意事项;测试相关记录表等。以地下侧式和地下岛式站台为例介绍线路测试的一般测试方案。

5.3.1 地下侧式车站正线过站气动效应实测试验方案

1. 实测车站选址

地下侧式车站常见加装的站台门为全高式或屏蔽式站台门,为满足技术指标需求,全国范围内选择无中隔墙不带配线且站台门安装距站台边缘最小间距的全高封闭式站台门(屏蔽门)形式。在选定车站后,实测方案的设计、组织、实施和安排由研究单位负责完成。图 5.2 所示为典型地下侧式车站现场图,图 5.3 所示为地下侧式车站结构示意图。

图 5.2 侧式车站现场图

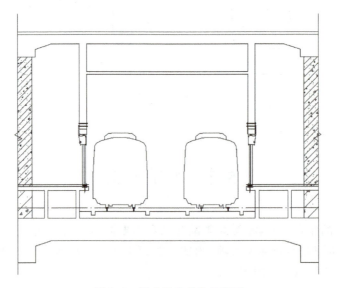

图 5.3 侧式站台结构示意图

2．测试断面位置

单个车站轨行区测试断面不少于 8 处。

测试断面具体如下：站台门区段 4 个断面（沿纵向均匀布置）、车站两端设备区各不少于 1 个断面、区间两端人防门处各 1 个断面（若有），测试断面示意图如图 5.4 所示。

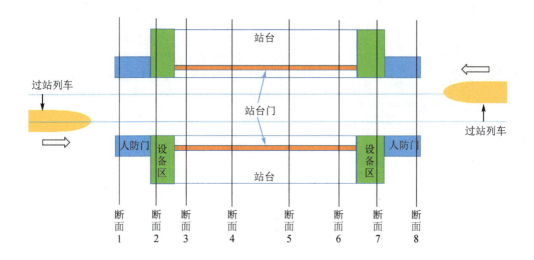

图 5.4　侧式站台测试断面示意图

3．测点布置位置

站台门区域每个断面测点不少于 3 个，单个断面测点布置位置如图 5.5 所示，其余断面测点均不少于 1 个。

实测点布置，根据现场车站实际情况进行优化完善。并制定相应的测点安装保护措施方案。

站台门区域测点布置示意图如图 5.6 所示。

轨行区固定封装板监测点：固定封装面板中线位置；

轨行区活动板监测点：活动面板中线位置；

滑动门监测点：滑动门玻璃中心处、滑动门竖框顶部和中心处；

固定门监测点：固定门中心处。

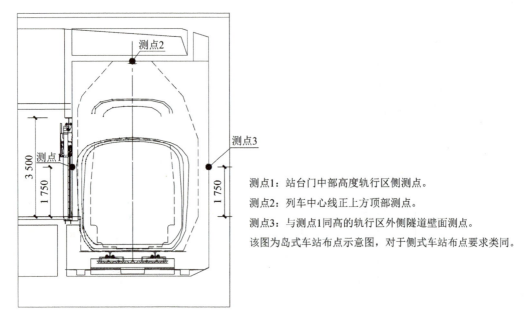

测点1：站台门中部高度轨行区侧测点。

测点2：列车中心线正上方顶部测点。

测点3：与测点1同高的轨行区外侧隧道壁面测点。

该图为岛式车站布点示意图，对于侧式车站布点要求类同。

图 5.5　断面测点布设示意图

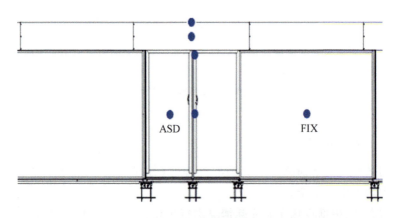

图 5.6　站台门风压测量监测点布置图

4．试验测试设备

为了完成上述试验项目，采用的试验设备如表 5.1 所列。

5．数据采集和分析

本方案采用多通道和大容量同步数据采集系统，根据传感器数目采用多数据采集通道，实时存储试验数据。采用统计分析方法对采集到的风压和结构变形的数据进行分析,提取信息并形成结论。

表 5.1 试验设备表

设备名称	用 途	配置能数	数 量
多功能调理器	信号变送	输入电压:DC 9~18 V	4
		通道数量:8 通道	
INV 数据采集系统	数据采集	采样频率:100 Hz	4
		输入电压:±50 V	
		输入电流:±50 mA	
		输入/输出口:16/16	
位移传感器	测量结构变形	测量范围(量):40 mm	12
		线性度(精度):0.01 mm	
		重复精度:0.05 mm	
		测量频率:2 kHz	
压阻式压力传感器	测量气压	灵敏度:13.3 mV/psi	40
		量程:从 0~500 psi 到 0~30 000 psi	
		精度:±0.5%	
		内部 80% 校验	
		通过 CE 认证	

在实际测试过程中,动车组列车过站实际行车速度等级如表 5.2 所列。

表 5.2 车站测试断面及列车速度等级

序 号	测试断面	测试内容	速度等级/(km·h⁻¹)
1	站台进口设备区	风压	100/120/140/160/200
2	站台进口端部	风压	100/120/140/160/200
3	站台门区 1	风压、动变形	100/120/140/160/200
4	站台门区 2	风压、动变形	100/120/140/160/200
5	站台门区 3	风压、动变形	100/120/140/160/200
6	站台门区 4	风压、动变形	100/120/140/160/200
7	站台出口端部	风压	100/120/140/160/200
8	站台出口设备区	风压	100/120/140/160/200

1）风压载荷

当列车进入站台时,原来占据空间的空气被排开。空气的黏性以及气流对站台门壁面和列车表面的摩阻作用,使得被排开的空气不能像在明线上那样及时顺畅地沿列车两侧和上部流动,列车前方的空气受压缩,随之产生特定的压力变化,引起相应的空气动力学效应并随着行车速度的提高而加剧。

动车组列车过站时,风压变化典型时程曲线如图5.7所示。

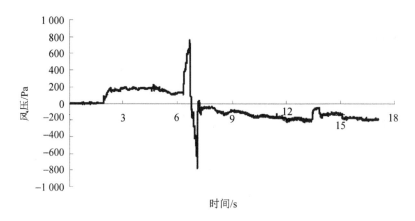

图5.7　动车组列车过站时风压变化典型时程曲线

2）动变形

列车通过时在其周围的列车风对车站站台两侧站台门会产生气动作用力,该作用力的强度取决于列车行驶速度、离列车侧面的距离以及列车的外形等。站台门在气动作用力下会发生变形,当变形达到一定程度时将会危及行车安全,动车组列车过站时,动变形典型时程曲线如图5.8所示。

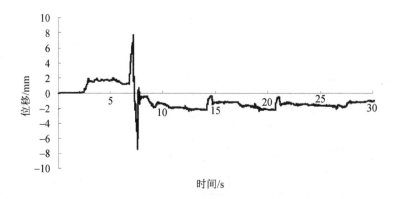

图5.8　动车组列车过站时动变形时程曲线

5.3.2　地下岛式车站正线过站气动效应现场实测试验方案

1．实测车站选择

为丰富气动效应模拟数据比较需求,全国范围内选择无中隔墙不带配线且站台门安装距站台边缘最小间距的半高式站台门形式。在选定车站后,实测方案的设计、组织、实施和安排由研究单位负责完成。图 5.9 所示为典型地下岛式车站结构示意图。

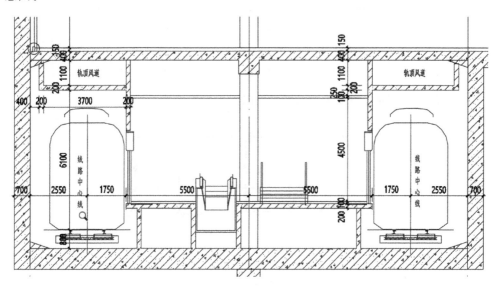

图 5.9　典型地下岛式车站结构示意图

2．测试断面位置

单个车站轨行区测试断面不少于 8 处。

测试断面具体如下:站台门区段 4 个断面(沿纵向均匀布置)、车站两端设备区各不少于 1 个断面、区间两端人防门处各 1 个断面(若有),测试断面示意图如图 5.10 所示。

3．测点布置位置

实测点布置,根据现场车站实际情况进行优化完善,并制定相应的测点安装保护措施方案。

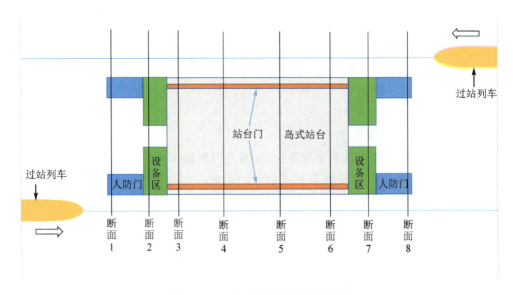

图 5.10　岛式站台测试断面示意图

站台门风压测量监测点布置示意图如图 5.11 所示。

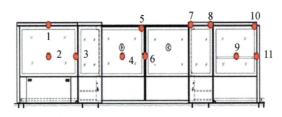

图 5.11　站台门风压测量监测点布置示意图

固定侧盒监测点：固定侧盒上部；

滑动门监测点：滑动门玻璃中心处、滑动门竖框顶部和中心处；

固定门监测点：固定门中心处。

4. 试验测试设备

为了完成上述试验项目,采用的试验设备如表 5.3 所列。

表 5.3　试验设备表

设备名称	用　途	配置能数		数　量
多功能调理器	信号变送	输入电压：DC 9～18 V		4
		通道数量：8 通道		

设备名称	用　途	配置能数		数　量
INV 数据采集系统	数据采集	采样频率:100 Hz		4
		输入电压:±50 V		
		输入电流:±50 mA		
		输入/输出口:16/16		
位移传感器	测量结构 变形	测量范围(量):40 mm		12
		线性度(精度):0.01 mm		
		重复精度:0.05 mm		
		测量频率:2 kHz		
压阻式 压力传感器	测量气压	灵敏度:13.3 mV/psi		40
		量程:从 0～500 psi 到 0～30 000 psi		
		精度:±0.5%		
		内部 80%校验		
		通过 CE 认证		

5. 数据采集和分析

本方案采用多通道和大容量同步数据采集系统,根据传感器数目采用多数据采集通道,实时存储试验数据。采用统计分析方法对采集到的风压和结构变形的数据进行分析,提取信息并形成结论。

在实际测试过程中,动车组列车过站实际行车速度等级如表 5.4 所列。

表 5.4　车站测试断面及列车速度等级

序　号	测试断面	测试内容	速度等级/(km·h⁻¹)
1	站台进口设备区	风压	100/120/140/160/200
2	站台进口端部	风压	100/120/140/160/200
3	站台门区 1	风压、动变形	100/120/140/160/200
4	站台门区 2	风压、动变形	100/120/140/160/200
5	站台门区 3	风压、动变形	100/120/140/160/200
6	站台门区 4	风压、动变形	100/120/140/160/200
7	站台出口端部	风压	100/120/140/160/200
8	站台出口设备区	风压	100/120/140/160/200

5.4 测试程序与技术

将风压传感器粘贴于选定的测点位置直接对风压数据进行采集,同时,在测点相应位置设置位移传感器,检测在特定风压条件下,站台门结构变形情况。采集的数据通过硬线传输到 IMC 数字采集系统进行存储,通过远程无线传输系统导出到数据处理工具中进行数据处理。

1. 传感器工作原理

风压传感器采用压阻式传感器进行采集,压阻式压力传感器的工作原理如下:

采用 ISO 技术将半导体材料的敏感芯片封装在不锈钢波纹膜片的壳体中,在不锈钢波纹膜片和芯片之间充硅油。芯片引线穿过壳体引出并采用密封措施,防止硅油向外泄漏或外面的压力介质渗入其中,这样芯片、硅油、壳体和引线组成压力传感器。当传感器处在压力介质中时,介质压力作用于波纹膜片上使其中的硅油受压,硅油将膜片的压力传递给半导体芯片。芯片受压后使其电阻值发生变化,电阻信号通过引线引出。不锈钢波纹膜片壳体受到压力并保护芯片,因而压阻式压力传感器能在有腐蚀性介质中感应压力信号。

压阻式压力传感器一般通过引线接入惠斯通电桥中。平时敏感芯片没有外加压力作用,电桥处于平衡状态(称为零位),当传感器受压后芯片电阻发生变化,电桥失去平衡。若给电桥加一个恒定电流或者电压电源,则电桥将输出与压力对应的电信号,这样传感器的电阻变化通过电桥转换为压力信号输出。

2. 位移传感器工作原理

电位器式位移传感器,其通过电位器元件将机械位移转换成与之成线性或任意函数关系的电阻或电压输出。普通直线电位器和圆形电位器都可分别用作直线位移和角位移传感器。但是,为实现测量位移目的而设计的电位器,要求在位移变化和电阻变化之间有一个确定关系。电位器式位移传感器的可动电刷与被测物体相连。

物体的位移引起电位器移动端的电阻变化。阻值的变化量反映了位移的量值,阻值的增加还是减小则表明了位移的方向。通常在电位器上通电源电压,把电阻变化转换为电压输出。

3. 试验原理图

通过站台门系统的线路试验,分析站台上乘客承受的风压和风速的变化规律和风压载荷作用下站台门的变形规律,为科学评估站台门系统的安全性和可靠性提供依据,为高速铁路站台安全防护提供技术支撑,试验原理如图 5.12 所示。

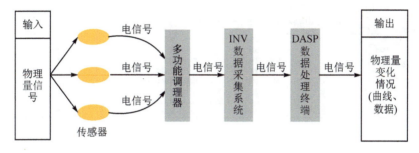

图 5.12 试验原理图

4. 试验数据采集

(1) 基本参数设置

基本参数设置,主要内容为数据路径、试验名、试验号、采样频率、试验描述以及选择的采集仪类型,通过基本参数设置方便我们后续的实验数据统计工作。基本参数设置如图 5.13 所示。

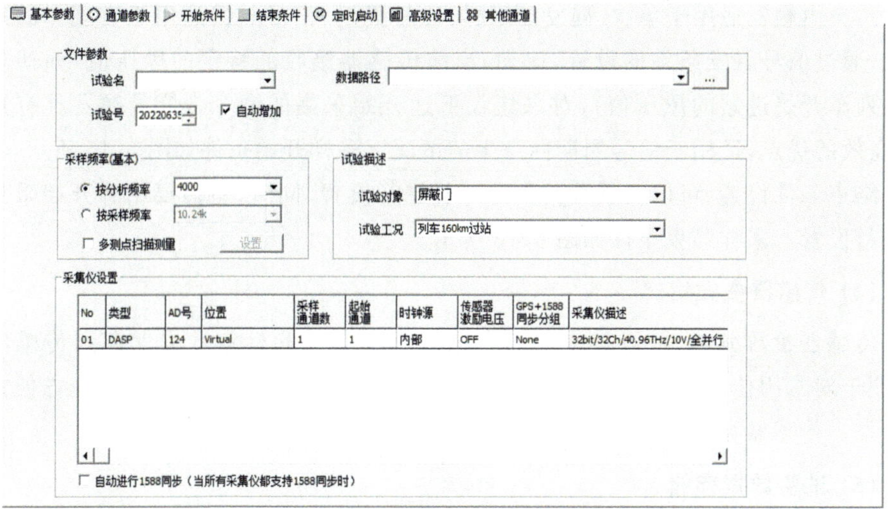

图 5.13 基本参数设置

（2）通道参数设置

通道参数设置，主要内容为将当前选择的传感器与实际测试的测点位置进行对应，通过通道设置中的标定值设定以及直流偏移设定可以修正实验过程中的环境误差等影响因素。通道参数设置如图 5.14 所示。

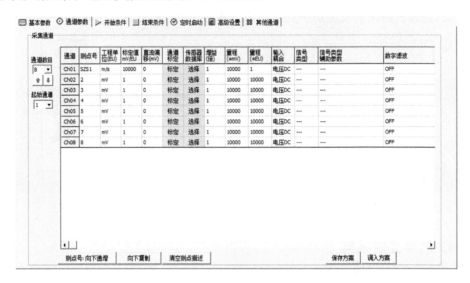

图 5.14　通道参数设置

（3）开始结束条件设置

开始条件设置，可以选择多种开始采集触发方式，可以根据现场实际情况进行选择。自由触发适用于单次、偶发的采样，比较灵活；信号触发适用于有规律的采集情况，通过信号触发条件的设置，比如：当前传感器接收的特定的风压值（如初步确定的列车开始进站的风压值），对采集仪下达开始采集的命令。信号触发具有自动化、高效的优点，适用于信号周期性产生的情况。采样开始条件如图 5.15 所示。

结束条件设置，可以根据数据实际需要进行设置，同时，也需要结合开始采集时间进行设置。采样结束条件如图 5.16 所示。

（4）传感器参数编辑

传感器参数编辑，可以将常用的传感器基本数据和标定数据保存到传感器库中，便于对常用传感器进行管理，同时采集开始前在通道设置时，可以快捷方便地进行选择。传感器参数编辑如图 5.17 所示。

（5）试验数据存储

1）在线采样

若选择使用 INV3060 系列网络接口采集器（AD 版本为 903），则在进入本模块

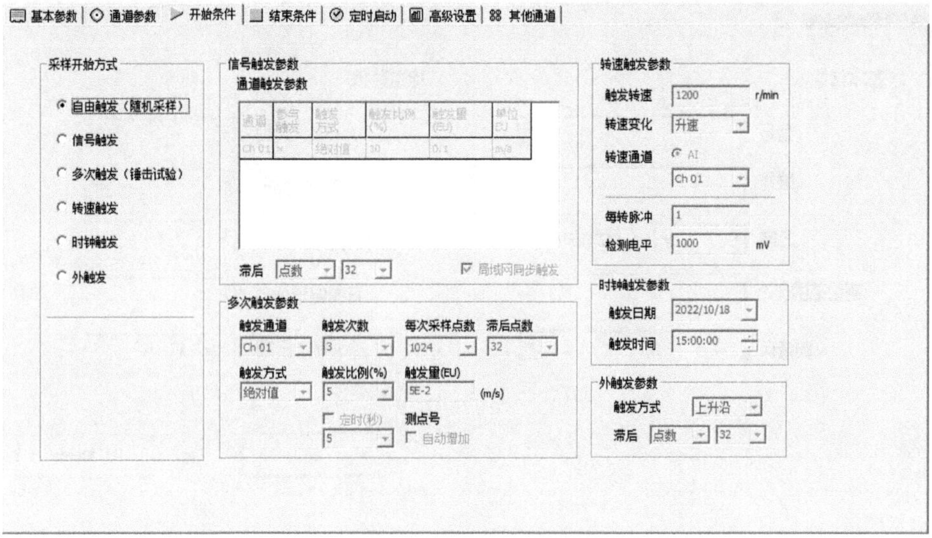

图 5.15 采样开始条件

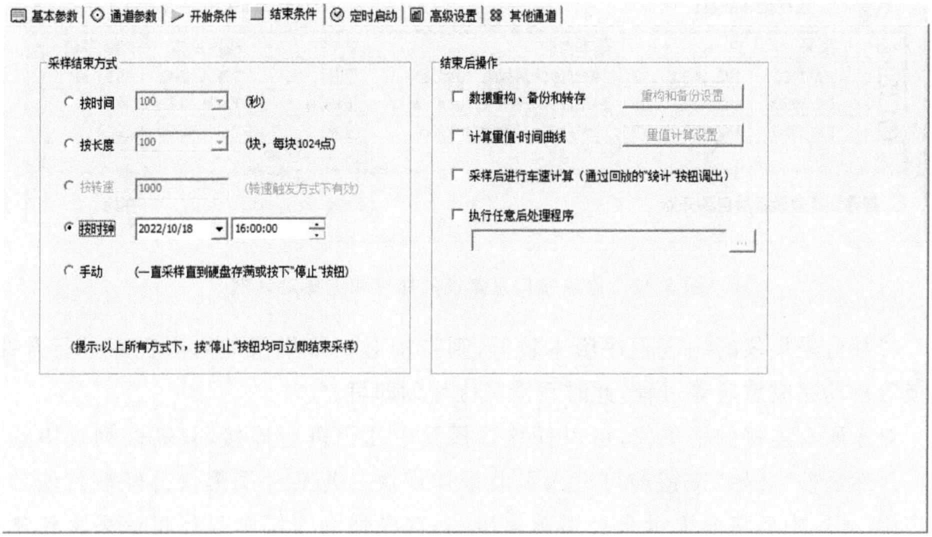

图 5.16 采样结束条件

之前,将先出现采集器的搜寻和状态显示对话框,如图 5.18 所示。该对话框将自动搜寻当前可用的网络采集仪,并列出各采集仪的型号、主要特性参数、当前工作状态、内嵌程序版本和剩余存储空间等信息。

若某台采集仪已经被网络中的其他计算机连接,则显示被占用的信息,否则显示空闲状态。

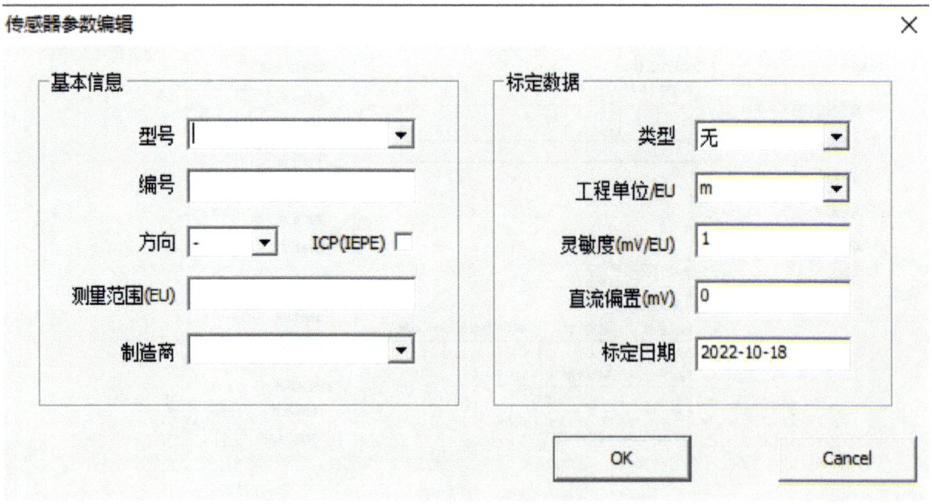

图 5.17　传感器参数编辑

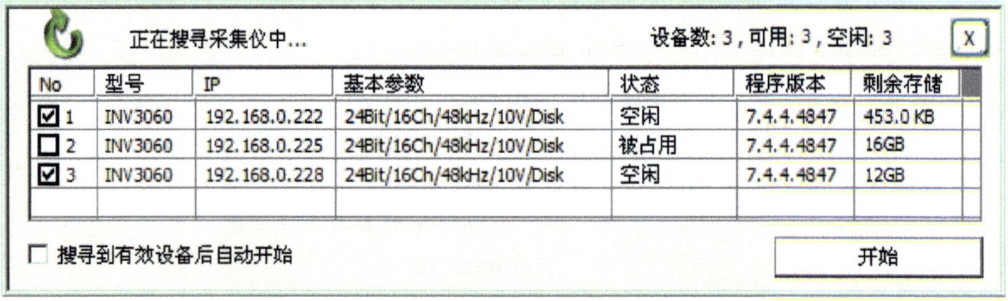

图 5.18　网络接口采集仪的搜寻和选择对话框

若某台采集仪的内嵌程序版本较低,则自动对该采集仪的内嵌程序进行升级,升级后自动完成重启等过程,此时只需等待片刻即可。

对于所有连接的采集仪,可以任意选择其中几台进行连接,只需在列表中选中即可。然后按"开始"按钮即可进入示波采样模块。若某台采集仪已经被其他计算机占用,则选中后将会提示是否强制连接,若选择强制连接则强行将该采集仪从其他计算机上断开,并连接到本台计算机。

2)离线采样

对于具备内置存储器和内嵌计算机的采集仪,可以脱离计算机进行离线工作。

离线采样之前,应先通过计算机连接各台采集仪,并设置好离线工作参数后,按"离线采样"按钮即可进入离线工作状态,此时就可以将计算机断开。

浏览或下载采集仪内部存储的数据,对于存储在采集仪内部的数据,可以在任何正常连接的时候将数据下载到计算机中。

(6) 试验数据查看及分析

按照基本参数中设置的文件路径可以打开采集到的波形文件,根据试验名–试验号以及数据时间确定需要的文件内容。试验参数查看如图 5.19 所示。

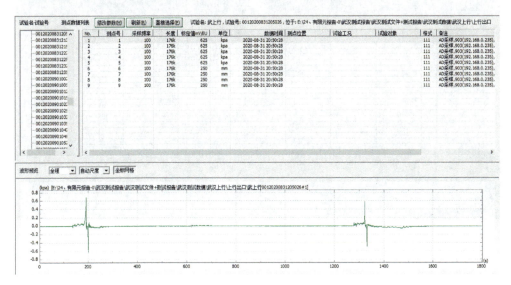

图 5.19　试验参数查看

同时,可以使用时域分析功能,快速选定我们关注的关键波形位置以及波形中的最大值、最小值等特征值。采样波形时域分析如图 5.20 所示。

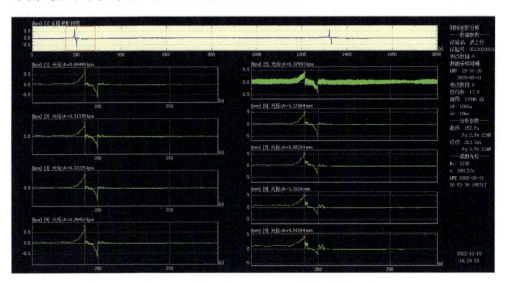

图 5.20　采样波形时域分析

可以通过时域分析功能,改变多测点波形的排列方式,更直观地显示出单个断面内压力最大值的测点位置。多测点重叠显示如图 5.21 所示。

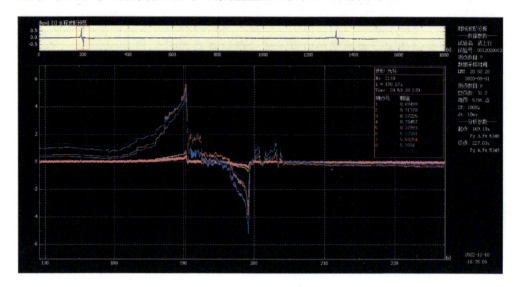

图 5.21　多测点重叠显示

5.5　明线过站仿真与测试结果对比

5.5.1　试验方案结构

通过站台门系统的线路试验,分析站台上乘客承受的风压和风速的变化规律和风压载荷作用下站台门的变形规律,为科学评估站台门系统的安全性和可靠性提供依据,为高速铁路站台安全防护提供技术支撑,线路试验原理图和装置实物图如图 5.22 所示。

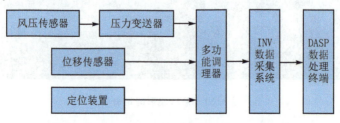

图 5.22　线路试验原理图和装置实物图

图 5.22　线路试验原理图和装置实物图(续)

5.5.2　测点选择

基于有限元分析明确了站台门结构载荷分布特点,分析站台门受列车过站风压时的最大结构变形位置,主要测试滑动门、固定门、侧盒和立柱的变形分布,共 11 个测点。11 个测点的布置,用于分析站台门受列车过站风压变形和过约束是否导致载荷偏置,如图 5.23 所示。

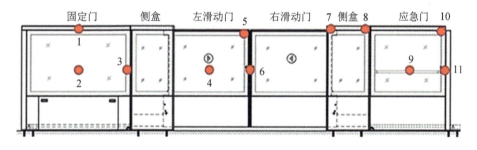

图 5.23　站台门结构变形的试验测点分布图

5.5.3　试验数据处理

风压及位移数据通过传感器将物理量信号转换为电信号,通过采集到的电压信

号计算站台门的应变 ε，即

$$\varepsilon = \frac{4(U_{mi} + U_{mo})}{E_i K}$$

式中：E_i——弹性模量，MPa；

$\quad\quad U_{mi}$——在不同工况下采集的电压信号，mV；

$\quad\quad U_{mo}$——列车未过站时，计算机采集的初始电信号，mV；

$\quad\quad K$——放大器增益，100 倍。

5.5.4 线路试验结果分析

动车综合检测车 180 km/h 通过站台中部时，气压产生的站台中部门体结构变形如表 5.5 所列。

表 5.5 列车 180 km/h 高速过站工况下各测点的应力

序 号	站台门结构变形/mm			
	均　值	标准差	最大值	最小值
1	2.77	0.13	2.95	2.66
2	1.62	0.24	1.95	1.36
3	1.38	0.09	1.49	1.27
4	1.85	0.17	2.01	1.61
5	5.71	0.27	5.96	5.33
6	3.43	0.32	3.78	3.00
7	3.77	0.16	3.98	3.59
8	4.06	0.08	4.13	3.94
9	3.47	0.07	3.56	3.39
10	1.96	0.14	2.12	1.78
11	0.57	0.05	0.61	0.49

动车综合检测车 200 km/h 通过站台中部时，气压产生的站台中部门体结构变形如表 5.6 所列。

表 5.6　列车 200 km/h 高速过站工况下各测点的应力

序　号	站台门结构变形/mm			
	均　值	标准差	最大值	最小值
1	3.18	0.23	3.45	2.88
2	1.67	0.25	2.01	1.41
3	1.68	0.38	2.16	1.23
4	2.45	0.23	2.67	2.13
5	5.76	0.17	5.89	5.52
6	4.38	0.26	4.61	4.01
7	4.31	0.14	4.45	4.11
8	4.89	0.21	5.18	4.70
9	4.31	0.19	4.55	4.09
10	2.08	0.17	2.31	1.94
11	1.06	0.13	1.17	0.87

通过以上计算和数据分析,以及文中方法可以得到以下几点结论:

① 在站台门表面选择 11 个测点粘贴应变片,综合检测列车 180 km/h、200 km/h 通过站台中部时,其他测点标准差控制在 0.38 以内,应力变化趋势基本一致。

② 列车速度越高,站台门的结构变形越大,且关键测点试验值大于预测值。

5.6　本章小结

本章详细探讨了高速铁路列车过站时的气动效应及其试验研究,主要内容包括了试验研究的目的,即通过实地测试来验证高速列车在明线运行和隧道过站时的安全性和舒适性,并确定合理的设计和运营速度。试验研究的核心在于获取列车过站时的流场、气压分布和风速大小的数据,并总结这些参数的变化规律,以此来指导铁路的设计和技术标准的制定。

试验内容着重于测量列车过站时的瞬变压力,特别是站台门承受的风压载荷,以及站台门在风压作用下的结构变形量。为此,试验采用了气压传感器和位移传感器,配合数据采集系统,以实现对瞬变压力和结构变形的实时监测。

试验方案包括了具体的测试位置选择、测点布置,以及所需使用的试验设备列表。测试位置涵盖了站台门区域、车站两端设备区以及区间两端的人防门处。测点的布置考虑到了不同位置的代表性,以便全面地收集数据。此外,试验方案还明确了所使用的测试设备及其配置,以确保数据采集的准确性和有效性。

最后,在数据采集和分析方面,试验使用了多通道和大容量的数据采集系统,能够实时记录传感器数据,并通过统计分析方法提取有用的信息,为后续的分析和结论提供支持。这些试验数据不仅有助于验证高速铁路的设计,还可以与仿真计算的数据进行对比,验证仿真模型的准确性。

参考文献

[1] 马伟斌,张千里,刘艳青.中国高速铁路隧道气动效应研究进展[J].交通运输工程学报,2012,12(4):25-32.

[2] 田红旗.中国列车空气动力学研究进展[J].交通运输工程学报,2006(1):1-9.

[3] 王志飞.列车高速过站风压对站台门结构特性的影响[J].机械设计与制造,2020(12):134-137,141.

[4] 方雨菲.高速铁路隧道气动效应现场测试分析[J].铁道建筑,2023,63(4):65-68.

[5] 陈厚嫦,张岩,何德华,等.时速350 km高速铁路隧道气动效应基本规律试验研究[J].中国铁道科学,2014,35(1):55-59.

[6] 韩晓兰,王城飞.强载荷作用下地铁屏蔽门结构设计及有限元分析[J].机电工程技术,2022,51(3):104-107,160.

[7] 郭成锐,林鸣谢.压阻式MEMS压力传感器的原理与分析[J].电子质量,2007(9):38-40.

[8] 余学锋,张红清,王柯.新型电位器式位移传感器设计与分析[J].电子测量技术,2020,43(13):172-176.

[9] 宋念龙,张新雨,徐璐.基于改进聚类算法的传感器非线性数据拟合研究[J].传感技术学报,2012,25(6):789-793.

[10] 闫想明.传感器在日常生活中的应用[J].物理通报,2008(8):54-56.

第6章　高速铁路站台安全防护研究

6.1　研究的意义

随着我国铁路事业的迅速发展,被人们忽视的铁路车站站台的安全性和舒适性也逐渐引起了铁路管理部门的重视。铁路站台安全防护一直是维护乘客生命财产安全的重要关卡之一;站台安全防护系统通过实现乘客与列车轨行区的物理隔离,能够有效防止乘客失足跌落或被列车刮走等安全事故的发生,减轻列车行驶的噪声和列车风对乘客的影响,在安装的站台门进行检票还能够大大降低乘客出行的心理焦虑,为乘客提供更舒适的出行体验。站台门系统先后在城际铁路、高速铁路、市域铁路取得成功应用,为铁路旅客安全出行保驾护航。

我国车型众多,分为短编、长编、重联,以及正向、反向等方式运行;各线路应用的车体不同,各铁路集团公司配属车辆的占比不同,且现有结构形式的站台门不能适应铁路的多车型混合运营;此外,基于时代的需求,运营成本的考虑,安全运营的要求,智能车站的建设已被提上日程,但这些技术的首要任务是解决安全出行问题。因此,急需结合站台旅客和设备的安全防护的实际需求,在系统要求和技术指标满足铁路的实际工况下,对站台门防护系统进行创新型研究。随着我国高速铁路网的快速形成,研究不同动车组车型与站台门净开度的匹配,以及根据风压进行结构优化已经成为优化站台安全防护、阻止人员侵界、降低"列车风"对乘客及站台物品影响的重要课题。研发铁路客站多车型自适应站台安全防护系统,以实现不同列车车型共线运行、同站台停靠工况下的旅客安全防护,是当前铁路站台门系统面临的重要问题。

站台门系统作为列车高速过站时的安全防护保障设施,其发展和创新自然离不开现代轨道交通的建设及发展。随着我国高速铁路网的快速形成,如何实现站台安全防护、阻止人员侵界、降低"列车风"对乘客及站台物品的影响已成为热点问题。

为解决上述问题,亟须尽快完成高铁站台安全防护技术体系。研究意义如下:

1. 安全性

站台门不仅可以防止乘客跌落轨道或是被列车刮走而发生安全事故,而且可以将候车区和轨行区隔离、优化候车环境、降低列车运行时的噪声和列车风对乘客的影响,为乘客营造舒适、安全的乘车环境。随着我国高速铁路的迅速发展,被人们忽视的高速铁路车站站台的安全性和舒适性也逐渐引起了铁路管理部门的重视。

2. 候车区域扩展

站台门系统保障乘客和工作人员的人身安全,阻止乘客进入轨道,实现站台候车,从而拓宽乘客在站台候车的有效空间。在安装了站台门的车站可以提前为旅客检票进站,从而可以大大降低旅客集中进站时的拥挤并减轻旅客的心理焦虑。

3. 快捷性

站台在设置站台门系统后旅客能实现站台与站台间的换乘,就不必从站台到候车室再到站台的换乘,可以节约旅客的出行时间。随着高铁开通后以人为本的服务意识的增强和客流量的增加,实现旅客站台候车是有可能的,也是发展方向,其必然节约旅客的候车时间。另一方面加装站台门后可以减少跳轨自杀事件的发生,从城市轨道交通系统的经验来看,每次自杀事件的处理不仅导致列车延误,还对旅客心理健康也造成巨大冲击。所以设置站台门可以提高铁线路的准点率,增加对旅客的吸引力,从而提高竞争力。

4. 舒适性

站台候车时列车进站会产生粉尘,加装站台门可以减少粉尘对旅客的影响;同时可以降低列车噪声给旅客带来的不舒适感;另外,与站台端头的设备房或栏杆一同在站台上形成了一个封闭的区域,使得在此区域候车的乘客有了安全的保障,而且乘客在心理上形成了一种安全保障。

5. 多车型

由于我国车型众多,且分为短编、长编、重联,以及正向、反向等方式运行;各线路应用的车体不同,各铁路集团公司配属车辆的占比不同,且现有结构形式的站台门不能适应铁路的多车型混合运营;此外,基于时代的需求,运营成本的考虑,安全运营的要求,智能车站的建设已被提上日程,但这些技术的首要任务是解决安全出行问题;因此,亟须结合铁路站台安全防护,实现站台旅客和设备的安全防护,在系统要求和技术指标满足铁路的实际工况下,对站台安全防护系统进行配置研究和关键技术进行创新性开发。

综上所述,对高铁站台安全防护系统的研究和实施,将进一步保障高铁站台候车的舒适性与安全性,并带来显著的社会和经济效益,其市场前景非常广阔。此外,通过项目建设,将促进高铁站台安全的基础理论及其试验验证的技术发展,为我国高速铁路技术研究领域积累丰富的经验。同时,对高铁站台安全防护系统的研究,将推动我国高铁站台安全防护系统技术的创新,有效提升我国高铁核心技术的创新力和竞争力,为实施"走出去"奠定基础,其建设具有极其重要的现实意义。

6.2　国内外研究现状

站台门是一个集机械、材料、电子和信息等学科于一体的高度自动化系统,通过控制系统实现滑动门的自动开启和关闭,用于将车站站台的候车乘客和列车运行的轨行区隔开,以保障候车乘客的安全。站台门最早应用于地铁车站中,后来逐步推广应用到城际铁路和高速铁路中。

站台门在 20 世纪 60 年代首次出现在苏联列宁格勒(现为俄罗斯圣彼得堡)的地铁系统中。然而,当时站台门的滑动门采用全钢材质,并由石质墙体包围滑动门以外的站台部分,这种设计既不美观又十分耗能。此外,乘客无法准确判断列车是否已经进站停妥,直到钢材质滑动门突然打开才能确定可以上车。因此,这种钢材质站台门系统并未得到广泛应用。

其次,使用站台门系统的城市轨道交通系统是法国的里尔地铁。之后,欧洲及亚洲多地的城市轨道交通系统相继采用站台门。2002 年底投运的广州地铁 2 号线是中国最早使用站台门的城市轨道交通系统。目前,世界上主要的站台门系统生产商有英国西屋公司、法国法维莱公司、日本纳博克公司及瑞士 KABA 公司等。此外,中国方大集团也生产站台门系统。目前,站台门系统在世界上越来越多的国家和地区中得到应用。

20 世纪 90 年代,站台门系统率先在国内城市轨道交通行业进行应用。行业发展初期,站台门系统产品研发和制造基本被国外供应商垄断,关键技术不向国内厂商开放,随着城轨站台门市场的不断发展,国内很多厂家开始自己研发站台门系统,并陆续在轨道交通行业进行应用。

自 21 世纪初开始,我国的站台门建设逐渐崭露头角。2002 年底,广州地铁 2 号线作为中国内地最早使用站台门的地铁系统,正式投入运营。此举标志着中国在城市轨道交通领域迈出了重要一步,同时也为其他城市的地铁建设提供了借鉴和参考。

在此之后,随着国内城市轨道交通的快速发展,各大城市新建的地铁线路纷纷开始安装站台门。这些站台门的安装不仅提高了站台的安全性和通行效率,同时也为乘客提供了更加舒适、便捷的乘车体验。

除此之外,为了进一步提高既有线路的运营安全性和效率,各条既有线路也在计划为站台安装站台门。这种趋势表明,站台门系统已经成为城市轨道交通建设中不可或缺的一部分,对于保障乘客安全和提高运输效率发挥着至关重要的作用。

6.2.1　国内外传统站台门的研究现状

为解决高铁站台门系统的问题,针对高铁站台安全防护,国内外专家进行了以下几个方面的研究:

1. "列车风"国内外研究现状

1966 年,由于山阳新干线(日本)的热海站没有设置通过线,高速列车直接通过站台,为安全起见必须安装站台门,为此,日本防灾研究室对山阳新干线的站台门设置进行了深入研究,内容包括站台门离站台边缘的距离、门高度和形状。这是世界上第一次对高速铁路站台门进行系统性和基础性的研究。1966 年日本防灾研究室在山阳新干线实测了列车风速,当列车以 250 km/h 通过时,根据实际车侧距离与列车风速之间的关系,在 2.5 m 处风速为 9 m/s,符合人体安全限度。

关于列车风作用下的人体安全问题,目前国内外采用的评判方法有力标准和风速标准两种。就风速标准而言,目前国内外也没有统一的标准,国内外一些资料间接提到一些相关国家采用的标准,如英国采用 11 m/s 作为人体安全的限制风速,而日本采用的人体安全风速限值是 9 m/s。由于高速列车高速运行,其稳定性与侧风作用密切相关,因此,有必要为评估侧风对高速列车安全运行的影响以及确定高铁站台门的高度和设置距站台边缘的距离提供基础依据。

2006 年 12 月日本国土交通省修订了《无障碍设施法》,把安装站台门规定为业主等各方应承担的义务,并从行政上推进站台门的安装。目前日本是世界上安装高铁站台门种类最多的国家,且没有形成统一技术规范和标准。

2. 国内外高铁站台门设置情况

早在 20 世纪 60 年代,为了保证站台的安全性和改善观瞻,列宁格勒(现俄罗斯圣彼德堡)的地铁系统采用了类似现在屏蔽门的钢门。1983 年,法国的自动捷运系统 VAL 的里尔地铁(Lille Metro),其生产商马特拉(Matra)公司向瑞士的玻璃门生产商 Kaba Gilgen AG 为列车月台特别订造了自动滑动门,成为世界上最早安装玻璃屏蔽门的铁路系统。1987 年,世界上最早以节能为目的安装的地铁屏蔽门系统出现在了新加坡。

1978 年因东北新干线水泽江次站设计为正线通过,且站台狭小,退避幅度仅有 2.15 m,为此再度对列车站台风和站台门距站台边缘距离进行探讨。实验为 12 节编组试验列车以 240 km/h 通过,将测点分别布置在列车前部、后部和中部,通过测定各点的风速,由两个方向的风速合成求得各测点风速的最大值。测试结果表明:列车后部的风速是最大的,在高度为 0.65 m 时,最大风速为 10.3 m/s;高度为 1.2 m 时,最大风速为 9.5 m/s,考虑到急剧变化的列车风的特性,为保护站台上乘客的安全,设置站台门等应对措施是完全必要的。日本高铁站台门设置情况调研如表 6.1 所列。

表 6.1   日本高铁站台门设置情况调研

地　区	线　路	车站数	站台门总数	安装时间
JR 西日本	新干线新博户	1	58	1978 年
JR 东日本	长野新干线	3	90	1997 年
JR 东日本	东北新干线(八户,栗陶高原)	6	360	2002 年
JR 东海	新干线总川	1	58	2003 年
JR 九州	九州新干线(一期)	5	158	2004 年
JR 东日本	东北新干线(七户,新青霖)	2	114	2010 年
JR 东海	新干线新横滨更新	1	58	2010 年
JR 九州	九州新干线(二期)	6	272	2010 年
JR 九州	九州新干线(一期部分追加)	5	52	2010 年
	共计	31	1 218	

在新横滨站,站台门距站台边缘 2.25 m;在热海站和新神户站,站台门距站台边缘 2.5 m,高度分别为 1.3 m、1.1 m。日本对这些半高站台门进行了测试,试验结果表明:测点测得的风速比的值为 0.15(按 240 km/h 换算为 10.3 m/s)、0.142(按

240 km/h 换算为 9.5 m/s),那么能够将站台门内乘客位置的风速比降至 0.14(按 240 km/h 换算为 9.0 m/s)以内的安全栅的形状即是最理想的。

日本新干线积极推进站台门的实施应用,2006 年 12 月日本交通省修订了《无障碍设施法》,从行政上推进站台门的安装。2008—2012 年山阳新干线完成站台改造、站台门安装和应用考核,2013 年以后大开度站台门在山阳新干线进行了全面应用。2017 年 3 月,为了进一步规范大开度站台门运营维护,日本铁道车辆机械技术协会下属的站台安全保障技术分会面向日本轨道交通运营单位发行了《站台门手册》,内容包括站台门的设置环境、总体设计、现场施工、现场运用、维护管理和标准化等。2020 年日本在新动车组 N700S 上线运营的基础上,对新干线所有站台进行安全防护装备改造,用以满足更高速度运营环境下站台旅客的候车安全。日本防灾研究室在山阳新干线对站台门设置站台边缘的距离、门高度、形状进行了深入研究,这是世界上第一次对高速铁路站台的站台门进行系统性、基础性研究。

我国内地最早安装站台门系统的是广州地铁 2 号线,随后上海、深圳、天津、北京等城市的地铁也安装了地铁站台门。随着地铁站台门的普及,国内多家站台门生产企业也逐渐打破了其核心技术被国外几家企业垄断的局面,深圳方大集团于 2006 年 4 月率先研发出了具有自主知识产权的国产化站台门系统,通过了国家评审,并且于 2007 年 3 月与深圳地铁签订了一号线续建工程地铁站台门系统的总承包合同,标志着我国的地铁站台门产业已经进入世界先进行列。

2010 年以来,海南东环线、广珠城际等 16 条城际铁路和京雄、京张等线路部分车站陆续安装了站台门。成都铁路局的成灌快线、成灌线离堆支线分别于 2010 年和 2013 年启用传统式站台门,成蒲县、新建贵阳枢纽小碧经镇至白云联络线也于 2018 年启用。郑开城际铁路于 2014 年启用传统式站台门,适用车型为 CRH2 和 CRH5。

随着我国成灌线、广珠线、海南东环线等高速城际铁路的相继建成通车,高速铁路站台门也进入了人们的视野。但各地区和线路存在差异,是否存在混跑、地下、地上和高架等不同实际需求,就需要我们既考虑实际需求,又要统一风格和基本要求。

在国内城际铁路中,考虑到站间距小,发车密集,无配线车站等特点,主要在城际铁路设置站台门,一般的原则为地下站设置高站台门,地面站、高架站设置半高站台门。依据上述规定,国内高速铁路站台门设置情况如表 6.2 所列。

从表 6.2 中可以看出,目前我国多条线路设置了站台门,但高铁站台门设置情况主要参照城市轨道交通,没有统一技术规范和标准。

表 6.2 国内各线站台门设置情况调研

序　号	管理单位	线路名称	开通日期	车　型	车站数量	设计速度/ $(km \cdot h^{-1})$	设置距离
1	广铁集团	海南东环铁路	2010 年	CRH1-1A	11 座	250	1 200 mm
2		广珠城际铁路	2012 年	CRH6A	16 座	200	1 200 mm
3		广州枢纽佛山西站	2017 年	CRH6H	相当于 4 座	200	1 000 mm
4		长株潭城际铁路	2017 年	CRH6H	19 座	200	高架站 1 200 mm；地下站 1 800 mm
5		佛肇城际铁路	2016 年	CRH6A	9 座	200	正线 1 200 mm，到发线 200 mm（三水、大沙和肇庆东）
6		莞惠城际铁路	2016 年	CRH6A	17 座	200	正线 1 200 mm，到发线 200 mm（沥林北、小金口、惠环、常平东、大榄和寮步）
7	成都局集团	成灌快线	2010 年	CRH1A 和 CRH2A	9 座	200	1 200 mm
8	成都局集团	成灌线离堆支线	2013 年	CRH6A	3 座	200	地下站 100 mm 设置
9		成灌彭州支线	2014 年	CRH6A	6 座	200	1 200 mm
10		成蒲线	2018 年	CRH6A	8 座	200	1 200 mm
11	郑州局集团	新建贵阳枢纽小碧经镇至白云联络线	2018 年	CRH6A	13 座	200	1 200 mm
12		郑开城际铁路	2014 年	CRH2 和 CRH5	3 座	250	1 300 mm
13	武汉局集团	武黄城际铁路	2014 年	CRH2 和 CRH5	8 座	250	1 200 mm

序　号	管理单位	线路名称	开通日期	车　型	车站数量	设计速度/(km·h⁻¹)	设置距离
14	武汉局集团兰州局	武威城际铁路	2013 年	CRH2 和CRH5	16 座	250	1 200 mm
15		汉孝城际铁路	2016 年	CRH2 和CRH5	10 座	250	均匀布置2 000 mm
16		中川机场站	2016 年	CRH6A	1 座		均匀布置1 200 mm
17	北京局	京雄高铁	2019 年		1 座（4 侧）		1 200 mm
18		京张高铁	2019 年	CR400	3 座（太子城 4 侧）		除太子城到发线侧 200 mm，其余 1 200 mm

6.2.2　国内外升降式站台门的研究现状

平移式站台门虽然能够完全封闭整个站台,满足站台防护的安全需求,但其能满足的列车车型有限。升降式站台门主要适用于新建的地面和高架车站以及既有线路站台,特别适用于运行车型较多的铁路客运车站。

为适应更多列车车型在同一站台停靠的运行场景,日本和韩国先后开发并应用了升降式的站台门系统,主要包括绳索式、栏杆式和封闭式三种。升降式绳索与栏杆方案结构简单、施工周期短、建设成本低,但该方案无法形成密闭的防护屏障,不能阻止或隔断乘客进入轨行区,存在一定的安全隐患。升降式站台门系统目前在国外已经得到了推广应用,为法国、西班牙、韩国等国家高铁及地铁的运营提供了一道靓丽的风景线和安全保障线。近年来,国内铁路行业许多相关企业一直尝试新形式的站台门系统研发与应用。目前郑州局已经在兰考站、郑州东站,昆明局已经在昆明站开展了升降式站台门试点应用。

2022 年 9 月,昆明站在所有站台全面启用升降绳索式站台门,适用于各种列车型号。每侧站台都设置有一台就地控制盘可以按编组或车厢独立控制动态站台门的升降,当站台电源出现故障或者停电时站台安全绳能自动应急抬升确保客流畅通。

日本的绳索和栏杆式站台门应用场景如图 6.1 和图 6.2 所示。

图 6.1 日本绳索式升降站台门

图 6.2 日本栏杆式升降站台门

昆明站和兰考南站的升降式站台门应用场景如图 6.3 和图 6.4 所示。

图 6.3 昆明站绳索式升降站台门系统　　图 6.4 兰考南站绳索式升降站台门系统

6.2.3 国内外大开度平移式站台门的研究现状

随着轨道交通行业的不断发展和进步,随之而来的多车型共线运行、同站台停靠、站台候车和换乘等一系列问题,也对轨道交通站台安全防护提出了新的要求,而国内外相关公司及科研院所也一直在寻求新的解决方案,大开度平移式站台门应运而生。

1966 年,日本因山阳新干线热海站设计时没有考虑正线通过,因此在后续改为正线通过站台时,出于对安全考虑必须要设置站台门系统。为适应不同车型车门安装位置差异、满足停车误差和确保站台的空间,日本方面还开发了质量很轻的,单扇门长达 3.4 m 的大开口站台门,并且解决了门扉的振动问题。通过增大站台门的开度和调整安装位置来实现兼容。站台门设置在离站台边缘约 700 mm 的位置,具体情况如图 6.5 所示。

日本站台门设置情况如表 6.3 所列。

表 6.3 日本站台门设置情况

站台门设置	设置距离	门体形式	风 速
高速列车正线通过站台,为安全考虑必须要设置站台门	1. 列车高速通过站台时带起的列车风速控制在 9 m/s 左右,一般将退避幅度定为距离站台边缘 2.5 m; 2. 站台宽度一般在 4.5 m,站台门设置在距离站台边缘 2.15 m 的位置	与车门位置对应处采用 1.3 m 高的封闭式站台门,其余位置采用安全栅	9.0 m/s
	尽可能设置在离站台边缘较近的位置,最小距离为 700 mm	与车门位置对应处采用 1.3 m 高的封闭式站台门,其余位置采用安全栅,单扇门最大开度为 3.4 m	

随着我国高速铁路和城际铁路的发展,站台门已成为当今研究的热点问题之一,中国铁道科学研究院结合联调联试对城际铁路站台门系统的风压和结构变形进行了系统性的研究。2017 年中国铁路总公司结合"精品工程、智能京张"的总体要求,确立了列车与站台间设置安全防护的目标,对高铁站台门进行基础性研究,并在京沈辽宁段进行站台门防护系统综合试验,2018 年 3—9 月完成了 4 m 开度高铁半

图 6.5 6.8 m 大开度平移式站台门系统

高站台门系统的气动效应、站台门的设置距离、站台门的功能性验证和车地联动的试验研究。研制站台门结构主要由立柱、滑动门、驱动侧盒和固定门组成,站台门门框采用不锈钢;门体则全部为钢化玻璃,结构如图 6.6 和图 6.7 所示。站台门于 2019 年在京张高铁清河站、八达岭站、太子城站进行了示范应用,随后又推广到国内多条铁路线路和客运车站。

图 6.6 城际轨道交通站台门系统

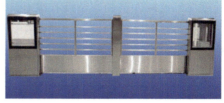

图 6.7 京张大开度式站台门系统

在国内,高速铁路飞速发展,多条高速铁路线路相继通车,铁路站台门作为保障行车、候车安全的重要安全防护系统也得到了广泛应用。2020年国铁集团结合高铁建设和各铁路局集团公司工业生产制造能力,由铁科院电子所分别与与济南、成都、南昌、上海局集团公司下属企业签订了产研合作协议,主要针对平移式站台门产品,由电子所负责电气系统核心部件的设备研发和技术服务,路局企业负责站台门机械结构的生产加工与现场实施。签订协议后,铁科院电子所与成都局集团什邡瑞邦机械有限责任公司在成灌线站门项目进行了合作;与济南局集团瑞通铁路电务有限责任公司在北京南站站台门试点项目进行了合作;此外,与广州局集团广州铁道车辆有限公司以科研课题合作的方式开展了佛山西站项目试点应用。

6.3 站台安全防护设备的形式

近年来,我国高速铁路和城际铁路快速发展,京津冀、长三角、珠三角、中原城市群等城际铁路的需求与日俱增。高速铁路、城际铁路行车密度大,过站(不停站)列车高速经过车站等因素会导致一系列的空气动力学问题,对站台上的旅客及工作人员的安全构成威胁,地下站尤其如此。

1. 站台候车模式

我国高速铁路和城际铁路行车密度大、停站时间短,大部分铁路车站需要提前将乘客释放至站台区域,待高铁列车进站停稳后,乘客依次下车、上车,列车停站时间仅仅几分钟。对于该种候车模式,站台区域内的乘客有一定的安全隐患,包括有意和无意的跌下站台、横穿轨行区等;当列车进出站时,还会造成人身伤亡等事故。由于铁路站台客流拥挤程度小于地铁,站台候车时间较短,并且人们安全意识在不断提高,以及铁路部门对站台秩序管理的不断加强,该种候车模式下的安全事故发生概率很小,对铁路站台加装站台门的呼声并不大,这也证明了为什么目前大部分高速铁路和城际铁路的车站没有像地铁车站那样在站台边缘加装站台门。

在部分城际铁路的设计和建设中,为体现城际铁路快进快出的特点,节省工程投资,城际铁路也会采用类似于地铁的站台候车模式。在该种候车模式下,乘客买票进站安检后,直接进入车站站台区域进行候车,由于等待时间较长,待乘的车次也不尽相同,难以做到长时间有序排队候车,这样站台候车的安全隐患会增多,发生危险情况的概率也会加大,即使增加更多的站务人员维护站台秩序,也难以完全消除安全隐患。因此,采用站台候车的城际铁路车站,有必要在站台边缘设置站台门等防护措施,来保证乘客安全和运营安全。

2. 列车停过站形式

高速铁路和城际铁路在车站范围内设置正线和到发线,车站站台主要布置在到发线侧,部分车站站台也临靠正线布置。在高速铁路和城际铁路实际运营中,存在列车高速过站的情况,列车高速过站时带来的列车风会对候车乘客产生影响,甚至会影响乘客的安全。为了研究列车周围风速分布规律,研究人员以 CRH 动车组为研究模型,以列车运行速度 200 km/h、250 km/h、300 km/h、350 km/h 通过高架车站进行数值模拟,研究站台距列车表面轮廓不同距离位置处的风压值,模拟结果如表 6.4 所列。

表 6.4 不同列车速度不同位置处风压值

距离/m	风压/Pa			
	200 km/h	250 km/h	300 km/h	350 km/h
0.1	1 960	3 063	4 203	6 250
0.5	788	1 050	1 380	1 890
1	276	490	723	1 000
1.5	180	331	456	601
2	90	141	250	360
2.5	40	75	105	202

根据表 6.4 可知,当列车高速通过站台时,距离站台边缘越近,列车运行带来的风速越大,风压也越大。以 11 m/s 风速考虑站台安全距离,利用伯努利方程推算风压约为 75.6 Pa。若站台临靠正线,当列车高速过站时,站台边缘 2 m 内风速均超过了 11 m/s 的安全要求,而距列车小于 1 m 时,列车风速急剧增加,对乘客的安全构成影响;当站台仅布置在到发线侧时,站台边缘与正线间的距离大于 5 m,列车高速过站产生的列车风压对乘客基本无影响。因此,当站台临靠正线布置时,有必要在站台上设置站台门,通过站台门门体阻挡列车过站时的列车风对站台候车乘客的影响,避免由于距离过近列车风对乘客造成伤害。此外,对于临靠正线的站台,当列车高速通过时,如果乘客有意或无意地靠近站台边缘,则快速通过的列车会严重威胁这些乘客的人身安全,十分有必要增加站台防护设施来保障乘客的安全。

3. 站台门设置

国内高铁站台门的设置在《高速铁路设计规范》第 10.4 节第 2 条站台临靠正线设置,列车通过速度大于 80 km/h 时,应在距站台边缘 1.5 m 处设置站台安全标线,必要时在站台边缘 1.2 m 处设置安全防护设施;列车通过速度大于 80 km/h 时,应在距离站台边缘 1 m 处设置站台安全标线。《城际铁路设计规范》(TB 10623—2014)规定站台建筑限界(正线不适用):地面车站或高架站为 1 950 mm,地下车站为 1 850 mm。在设置距离上以《高铁设计规范》(TB 10621—2014)、《城际设计规范》(TB 10621—2014)、《铁路技术管理规程》和《建筑设计防火规范》(GB 50016—2006)为依据。设置状况如表 6.5 所列。

表 6.5　国内高铁站台门设置距离表

	列车速度>200 km/h	距站台边缘 1.2 m 处设置站台门	《铁路技术管理规程》和 TB 10621—2014
设置位置	80 km/h≤列车速度≤200 km/h	可设可不设站台门	
	列车速度≤80 km/h	不设站台门	
	地下站侧线设置到发线	距站台边缘 100 mm 处设置站台门	TB 10623—2014
	地面站或高架站	距站台边缘 200 mm 处设置站台门	TB 10623—2014

城际铁路正在朝着密集发车的公交化运营模式发展。在密集的发车频率下,为实现旅客的快速通过和换乘,铁路车站已经开始弱化候车功能,并向站台候车的模式方向发展,直接在站台候车成为新的趋势。利用站台候车,可以减少乘客排队等候及上、下车的时间,提高列车的运营效率,同时候车室的减少可以降低建设成本,有效地利用车站空间。在城际轨道交通站台安装站台门系统,可以较好地保证站台候车乘客安全,减少车站站务人员,降低运营成本,目前在设计速度不大于200 km/h 的城际铁路上应用。

随着我国高速铁路和城际铁路的发展,站台门已成为当今研究的热点问题之一,中国铁道科学研究院对城际铁路站台门系统的风压和结构变形进行了系统性的研究,但各地区和线路存在差异,是否混跑、地下、地上和高架等情况也存在不同实际需求,到目前没有统一的技术规范和标准。在站台门系统设置方面,在高度和设置形式上以《地铁站台安全门》(CJT 236—2006)为依据;在设置距离上以《高速铁路设计规范》(TB 10621—2014)、《铁路技术管理规程》和《建筑设计防火规范》(GB 50016—2006)为依据。在《高速铁路设计规范》第 10.4 节第 2 条站台临靠正线设置,列车通过速度大于 80 km/h 时,必要时在站台边缘 1.2 m 处设置安全防护设施;列车通过速度大于 80 km/h 时,应距离站台边缘 1 m 处设置站台安全标线。国内高铁线路设置站台门系统的很少,仅海南环岛高速铁路、深圳福田站、京张高铁、京雄高铁等线路的部分车站设置了站台门系统,设置情况与城际铁路站台门的设置情况相同,且没有统一技术规范和标准。

6.3.1 传统形式站台门

1. 结构形式

从目前各个城市设置的站台门系统来看,传统站台门分为全高闭式、全高开式和半高式。全高闭式站台门是一道自上而下的玻璃隔墙和滑动门,门体结构超过人体的高度,沿着车站站台边缘和两头设置,把站台乘客候车区与列车进站停靠区域分隔开,这种站台门高度一般为 2.8~3.2 m,主要应用于城市轨道交通设有空调系统的地下车站,主要功能是增加安全性、降低能耗以及加强环境保护。全高开式站台门是一道上不封顶的玻璃隔墙和滑动门,仅在近天花板处留一道缝隙。虽把站台乘客候车区与列车进站停靠区域分开,但是可以允许之间有空气对流的通道。这种站台门高度一般也为 2.8~3.2 m,主要应用于没有空调系统或不具备封闭条件的地下车站,主要功能是增加安全性、阻挡列车进出站气流对乘客造成的影响。半高式站台门是一道上不封顶的玻璃墙和滑动门,门体结构不超过人体高度,其安装位置与全高站台门基本相同,但仅有下部结构进行支撑,一般为 1.3~1.5 m。半高式站台门主要安装于城市轨道交通地面站或高架车站,相对全高站台门来说,主要起隔离作用,提高了站台候车乘客的安全,也起到了一定的降噪作用。如图 6.8 所示为站台门的结构形式和实际应用场景。

2. 机械结构

广泛应用的站台门结构可以分三大类:全高封闭式站台门、全高开放式站台门、半高式站台门。

全高封闭式站台门一般为一驱两动,传动方式采用丝杠螺母或同步带轮传动,配合吊挂式滚轮直线导轨形成整个传动系统。其结构特点:①广泛应用于地面或地下站台,需要站台面与顶部预留安装条件;②与站台顶棚、站台面密闭连接,完全隔离候车区与轨行区,起到隔离防护,消除风压对站台人、物的影响;③节约能源、降低噪声;④为乘客提供舒适、安静的候车环境。

全高式站台门结构形式图如图 6.9 所示。

全高开式站台门是全高封闭式的衍生结构,形成这种结构往往由于站台安装条件不允许安装封闭式或有降低风压要求的设计前提,所以结构形式与传动形式及封闭式类似,一般为一驱两动,传动方式采用丝杠螺母或同步带轮传动,配合吊挂式滚轮直线导轨形成整个传动系统,如图 6.10 所示。其结构特点:①广泛应用于地面或

(a) 全高封闭式

(b) 全高开放式

(c) 半高式

图 6.8　站台门结构形式

地下站台,需要站台面预留安装条件,顶部安装条件可以不预留;②与站台面密闭连接,但与顶部开放,形成气流对流区域,隔离候车区与轨行区,起到隔离防护,消除大部分风压对站台人、物的影响;③能节约能源、降低噪声;④为乘客提供舒适、较为安静的候车环境。

　　全高门门机材料主要采用不锈钢组成轨道与聚氨酯组成滚轮,其中静音滚轮指

图 6.9　全高式站台门结构形式

的是轮子包覆聚氨酯弹性体,运行噪声小,在自动门技术上称为静音设计。摩擦力小于铝合金和高强尼龙。针对全高门机模块化设计来说,把传动(电机、主动从动轮组、皮带)做成一个模块,即动力模块;把支撑、行走轨道即导轨、悬挂轮组,做成一个模块,即导向模块。

图 6.10　全高式站台门机械结构形式

半高式站台门一般为两驱两动,传动方式采用齿轮齿条或同步带轮传动,配合直线导轨或滚轮式导轨形成整个传动系统。其结构特点:①广泛应用于高架站台,需要站台面预留安装条件；②与站台面连接，形成半隔离状态，在候车区与轨行区中间形成屏障，阻止人、物进入轨行区，起到安全防护、减弱风压的作用；③用于高架及开阔的场合，视野开阔，便于工作人员随时观察轨行区情况；④安装、调试方便快捷。半高式站台门机械结构形式如图 6.11 所示。

图 6.11　半高式站台门机械结构形式

半高门门机系统特点为：半高门门机不同于全高门门机，可以独立出来。皮带安装在滑动门上，电机和带轮安装在侧盒上；根据电机所处的位置分为电机前置和电机后置两种形式；在后置电机系统中，电机安装在滑动门后面的侧盒底板上；前置电机系统中的电机放置在侧盒下面的电气箱中，位于滑动门前面。

3. 监控系统

站台门控制系统主要由中央控制盘（PSC）、紧急控制盘（PEC）、用于车站或维护人员改变某滑动门操作模式（自动和手动）的就地控制盒（LCB）、控制滑动门开/关的门机控制单元（DCU）、列车驾驶员或站务人员在站台上操纵一侧滑动门开/关的就地控制盘（PSL）、连接各设备接口及传输连接的信号线组成；PSC 与 DCU 通过通信总线和硬线连接，其中通信总线负责数据传输、参数设置和软件下载，硬线负责传输开/关门指令。

铁路站台门控制系统架构如图 6.12 所示。站台门监控系统分为 2 个独立的子系统，分别控制着两侧站台门的开启和关闭，一侧站台门发生故障不影响另一侧站台门正常运行，任意一扇站台门发现故障也不影响其他门体动作。

PSC 和 DCU 是站台门产品的核心组成部分。PSC 由中央处理单元（PEDC）、监视软件（MMS）、内外部接口等部分构成，其中 PEDC 是 PSC 的核心控制部分，负责

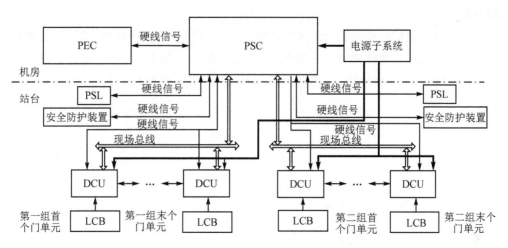

图 6.12　铁路站台门控制系统架构示意图

站台门车站级逻辑控制、优先级判定、状态数据采集和管理等；一般采用冗余设置（可编程逻辑控制器和继电器模组相互冗余），提高系统运行的安全性和可靠性。

如图 6.13 所示，PEDC 控制单元与外部设备的接口采用安全继电器组，当操作 PSL、紧急控制盘（PEC）或信号系统（SIG）输入时，驱动接口继电器组的线圈，其输出信号一方面进入逻辑处理继电器组，另一方面进入可编程逻辑控制器（PLC）的逻辑

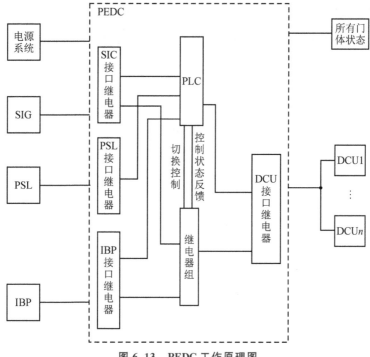

图 6.13　PEDC 工作原理图

控制部分。

站台门系统控制模式分为系统级控制、站台级控制、紧急级控制、单门就地级控制和手动解锁。系统级控制优先级最低,手动解锁优先级最高,低优先级的控制方式不应影响高优先级开/关门控制方式实现开/关门。控制模式的设定如图 6.14 所示。

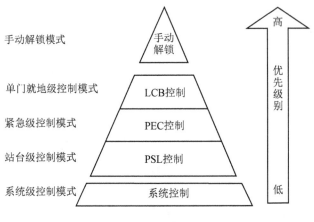

图 6.14　控制模式的设定

PLC 与逻辑继电器模组均采集 PSL、PEC、SIG 的控制命令状态,并且对所有的控制信号进行优先级判定。例如:当 PEC 发出开门命令时,将 PSL 与 SIG 的开关门信号进行屏蔽,即将 PSL 与 SIG 视为无效命令,不控制门体动作。

4. PSC 设计

PSC 是站台门系统的车站级控制中心,主要负责内外部控制信号的逻辑处理(PEDC)和站台门系统的运行状态监视(MMS)、内外部接口(I/O)等,除就地级和手动开关门之外的所有监控功能都需要 PSC 的参与,与站台门系统的安全运行息息相关,是站台门控制系统最核心、最重要的部件。PSC 架构设计如图 6.15 所示。

(1) 逻辑处理

系统控制级:在正常运营阶段,站台门的运营模式属于系统控制级模式,在信号系统的命令支持下,控制站台门的开放与关闭,而站台门系统会根据实际状态信息将其反馈至信号系统。当站台门系统出现故障时,站务人员通过 PSL 操作盘上的"互锁解除"钥匙开关将互锁解除信号发送给信号系统,并解除站台门系统与信号系统之间的关系。

站台控制级:就地控制盘根据实际运营需求,可安装 1 台或多台,如果信号系统出现故障或者受到其他因素影响,需要控制整侧站台门的情况,则可使用就地控制

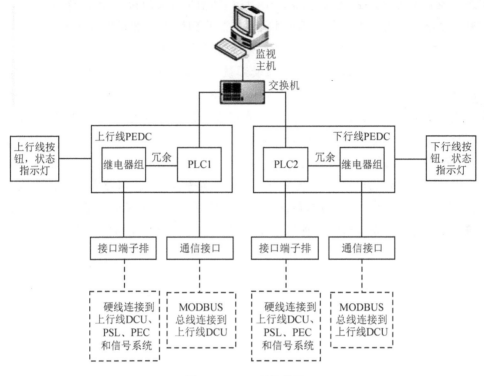

图 6.15　PSC 架构设计

盘 PSL 面板进行打开与关闭的操作。操作本控制系统的工作人员一般为列车驾驶员或站务。如果使用就地控制盘,应先激活,激活后 PSL 使能开关的指示灯点亮,中央监控单元会收到 PSL 使能信号,并利用本信号开展逻辑运算,根据信号预先设定的优先级与实际出入情况,判断是否需要向门控单元下发 PSL 给出的指令。

　　紧急控制级:站台门紧急控制盘是一种设备或系统,用于在紧急情况下操作站台门,以便快速、有效地控制站台门的开启和关闭。站台门紧急控制盘通常安装在车站站台或站厅的紧急控制室中,可以通过控制室内按钮、开关等操作来控制站台门的开关状态。

　　PEDC 是 PSC 的核心,因此其硬件与软件设计水平的高低直接影响整个 PSC 盘的可靠性和安全性。站台门系统采用 PEDC 冷备份方式进行冗余设计,当一组硬件出现故障时,可通过转换开关切换到另外一组硬件保证 PSD 系统的正常运行。故障组硬件完全失电,可以安全将其更换、维修,保证了系统运行的连续性。

　　在 PSC 柜中与外部设备的接口采用安全继电器组,当操作 PSL、紧急控制盘(PEC)或信号系统(SIG)输入时,驱动接口继电器组的线圈,其输出信号一方面进入逻辑处理继电器组,另一方面进入可编程逻辑控制器(PLC)的逻辑控制部分。继电器逻辑控制单元为主控,正常时,其向 DCU 门体输出开关门指令,PLC 作为热备用,实时监测继电器逻辑控制单元运行状态;当监测到继电器逻辑控制单元出现故障时,PLC 逻辑控制单元切断其控制权限,并接管开关门的逻辑控制。

每侧站台门配置一套上述系统,每套系统内配置与信号系统的接口、与就地控制盘(PSL)接口、与消防控制室 PEC 盘接口的继电器组,且每套接口设备相互独立,在接收到传来的开/关门的关键命令后,能正确地控制相应门单元进行动作。中央控制盘采用硬线安全回路方式采集整侧单元门锁闭信号,当所有单元门都关闭且锁紧时,安全回路导通。发送闭锁信号至信号系统,使列车可以离站。当任意单元门故障时,安全回路断开,列车不能发车。安全回路故障时,在保障乘客的人身安全时,站台人员通过 PSL 上的互锁解除或者通过故障单元门的就地控制盒(LCB)将故障单元隔离并旁路安全回路使列车离站,不影响整个运营。站台门的正常开关门程序流程如图 6.16 所示。

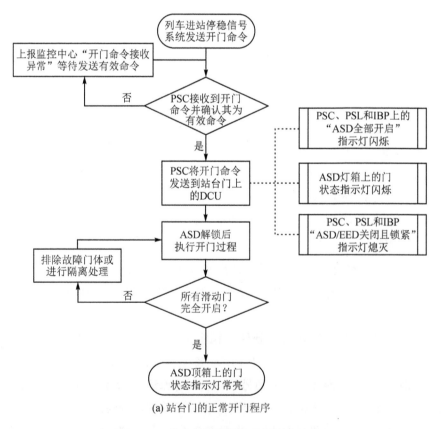

(a) 站台门的正常开门程序

图 6.16 站台门的正常开关门程序流程

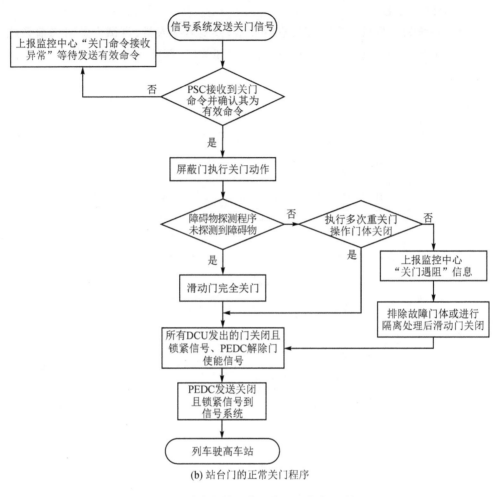

(b) 站台门的正常关门程序

图 6.16 站台门的正常开关门程序流程(续)

(2) 运行状态监视

站台门系统的运行状态监视由设置于 PSC 内部的 MMS 负责,主要实现站台门系统的数据采集、数据存储、数据查询、数据可视化、数据管理和参数配置等功能。站台门系统监视界面如图 6.17 所示。

1) 数据采集

MMS 通过现场总线与每个 DCU 构建通信链路,一般基于 MODBUS 协议周期性轮询每个 DCU 的状态信息,一般包括运行状态、故障信息、告警信息、操作信息等。每个 DCU 接收到轮询信息后,向 MMS 发送自身状态信息,将信息可视化展现的同时,也将其储存在数据库中,为后续数据管理奠定基础。

2）数据可视化

整个系统的运行状态需要实时进行展示，方便运维人员、调试人员对当前系统的状态充分把握，一般包含每组滑动门的开门和关门、部件故障、LCB 状态、安全回路状态、外部输入指令等。

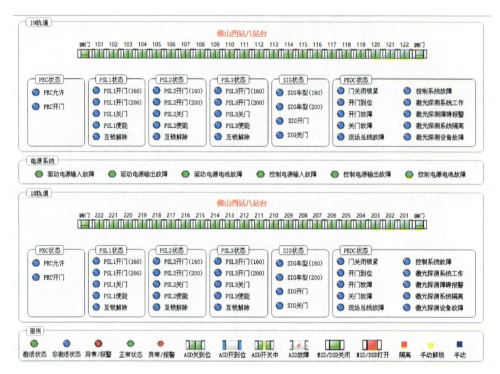

图 6.17　站台门系统监视界面

3）数据查询

按照数据类型、时间、设备类型等分别查询对应信息，可将信息明确到具体时间段内的单组滑动门或部件。同时，可以将目标信息导出到 Excel 文件等文件载体中，方便数据的转移。时间段数据查询如图 6.18 所示。

4）系统管理

MMS 应允许运维人员进行用户管理以及不同等级用户的权限管理，设定期限自动删除过期日志、内外部通信地址或串口号等。分级权限与系统管理如图 6.19 所示。

5）参数配置

MMS 应能允许调试或运维人员按照滑动门编号对每组滑动门的开门、关门、控制参数等数据进行读取和配置（在设定范围内），不同的运行参数对应不同的开、关门运行速度曲线，MMS 应能存储和调用多种运动速度曲线。MMS 参数控制如图 6.20 所示。

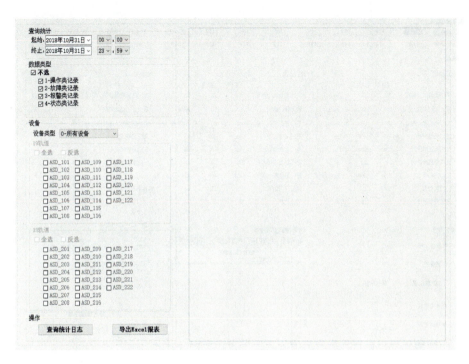

图 6.18　时间段数据查询

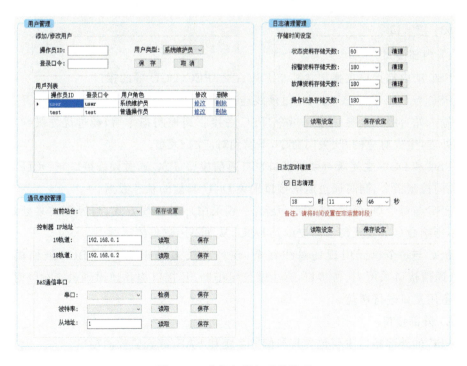

图 6.19　分级权限与系统管理

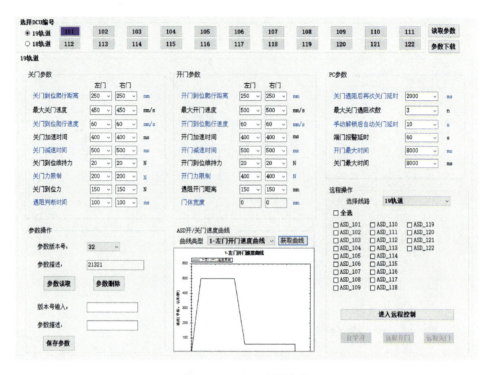

图 6.20　MMS 参数控制

(3) 接　口

1) 内部接口

PSC 的内部接口主要包含其与 PSL、IBP/PEC、DCU 等的接口。

PSC 与 PSL 和 PEC 之间通过硬线连接,PSL 和 PEC 通过按钮或者钥匙开关向 PSC 输入站台级和紧急级控制指令,PSC 在接收到控制指令后,经过优先级判定和逻辑处理,生成对应的开、关门命令,下发到对应的 DCU。

PSC 和 DCU 之间既有硬线接口也有通信接口,PSC 通过硬线接口向 DCU 下达开、关门控制指令,同时通过通信接口采集 DCU 当前的状态数据。

PSC 与每个单元门硬线控缆冗余:一般采用环形接线方式,当控缆在某处断开时,不影响命令下发至每个门控单元 DCU,从而不影响整体运营。

PSC 与每个单元门现场总线冗余:现场总线多采用双 MODBUS 通信模式,DCU 通信接口采用主、备接口,当主通信电缆断裂、接口损坏或出现系统故障时,可使用备用接口进行通信。

2) 外部接口

PSC 的外部接口主要包含其与信号系统和 BAS/综合监控的接口。

站台门系统与信号系统采用继电接口,其原理如图 6.21 所示。

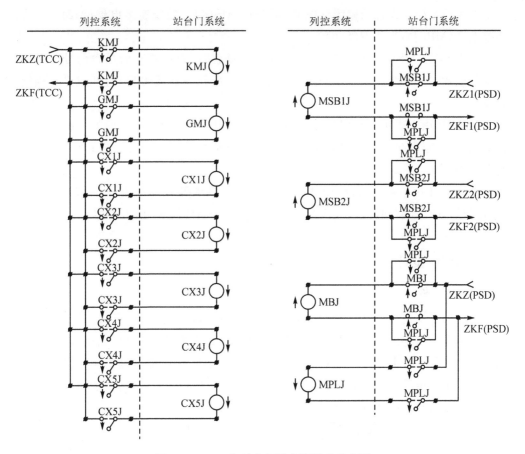

图 6.21 TCC 与站台门继电器原理示意图

TCC 侧设置开关门控制继电器,站台门系统按表 6.6 中继电器的动作状态控制站台门动作,其他状态认为是无效命令,站台门保持不动。

表 6.6 TCC 与站台门控制逻辑表

KMJ	GMJ	CX1J	CX2J	CX3J	CX4J	CX5J	含 义
↓	↓	↓	↓	↓	↓	↓	常态,无命令
↓	↑	↓	↓	↓	↓	↓	PSD(站台门系统)关闭所有站台门
↑	↓	↑	↓	↓	↓	↓	PSD 按车型一打开对应的站台门
↑	↓	↓	↑	↓	↓	↓	PSD 按车型二打开对应的站台门
↑	↓	↓	↓	↑	↓	↓	PSD 按车型三打开对应的站台门
↑	↓	↓	↓	↓	↑	↓	PSD 按车型四打开对应的站台门
↑	↓	↓	↓	↓	↓	↑	PSD 按车型五打开对应的站台门

注:"↑"表示继电器吸起状态;"↓"表示继电器落下状态。

站台门系统侧设置门锁闭继电器（MSB1J、MSB2J）、门报警继电器（MBJ）、门旁路继电器（MPLJ），采用双断防护。

① MSB1J、MSB2J 相互独立，当任意一个吸起时，表示所有的站台门处于关闭且锁紧或者门旁路状态；当同时落下时，表示站台门（一扇或多扇）打开或没有锁闭到位。

② MBJ 用于表示站台门在没有输入有效的开门命令时，站台门处于打开或未锁闭状态，常态吸起。吸起时表示站台门处于正常状态或门旁路状态；落下时表示站台门处于异常状态。

③ MPLJ 用于表示站台门的控制是否与信号系统隔离，常态落下。落下时表示站台门受 TCC 控制；吸起时表示站台门系统和信号系统隔离，由人工控制。

5. DCU 设计

(1) 架　构

站台门系统包括半高门、全高门和全封闭式站台门三种门体形式，其中半高门中的每扇滑动门都由一台电机驱动，则一道滑动门（左右扇）由两台电机负责驱动；而全高门中的每道滑动门的左右扇通过皮带连接同步，因此在全高门和全封闭式站台门系统中每道滑动门只需一台电机驱动即可。为保证以上需求，一般将门控单元划分为驱动器和控制器两部分，其架构如图 6.22 所示。

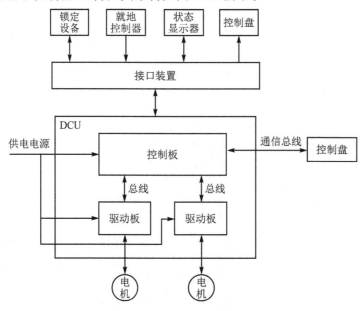

图 6.22　门控单元架构图

门控单元采用 110 V 直流供电,每台驱动器负责驱动一台电机,驱动器与控制器之间通过 CAN 总线连接并采用统一的接口,可根据门体的类型选择对应数量的驱动器。也有供应商将控制器和驱动器集成到一起,但其主要功能也分为控制和驱动两个部分,实现原理与此基本相同。

(2)控制器

控制器为门控单元的逻辑控制单元,其主要功能如下:

- 采集外部控制设备的指令;
- 采集被控对象以及相邻应急门(若有)和端门(若有)的状态;
- 处理滑动门隔离、自动、手动开、手动关、手动解锁等工作模式;
- 监视和处理系统的安全防护和设备故障,并在数码管上进行显示;
- 提供与驱动器的 CAN 通信接口,用于电机运动指令的下发和运动状态的反馈以及运动参数的配置;
- 提供与监视系统的 MODBUS 通信接口。

控制器多采用以 STM32 系列处理器为核心的集成电路,在稳定性、适用性等方面具有较强的优势,近年来,随着国家自主化战略的迅速落地,站台门控系统的自主化研究也引起行业从业人员的重视,开始选用自主化水平较高的兆易创新等企业的芯片开发集成电路,实现站台门门控单元的自主可控。

(3)驱动器

驱动器为门控单元的电机驱动和控制单元,其主要功能如下:

- 计算滑动门门体的速度;
- 计算滑动门门体的位置;
- 通过空间矢量算法给电机供电;
- 监视和处理系统的安全防护和设备故障,并通过指示灯进行显示;
- 提供与控制器的 CAN 通信接口,用于电机运动指令的接收和运动状态的反馈以及运动参数的配置。

驱动器多采用以 STM32 系列处理器为核心的集成电路,不仅满足系统的实时性需求,而且方便后期的功能扩展。通过 ST 公司提供的固件库,可以快速地进行软件设计,减小开发周期。与控制器相似,目前行业从业人员也在实现该产品的国产替代工作。

电机控制采用三闭环控制,包括位置环、速度环和电流环,如图 6.23 所示。其中电流环采用 SVPWM 算法,具有脉动转矩小、运行平滑等优点。

SVPWM 的理论基础是平均值等效原理,即在一个开关周期内通过对基本电压矢量加以组合,使其平均值与给定电压矢量相等。在某个时刻,电压矢量旋转到某

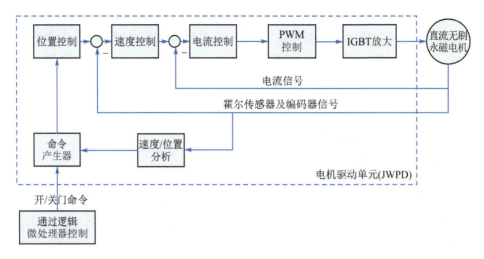

图 6.23　三闭环控制原理图

个区域中,可由组成这个区域的两个相邻的非零矢量和零矢量在时间上的不同组合来得到。两个矢量的作用时间在一个采样周期内分多次施加,从而控制各个电压矢量的作用时间,使电压空间矢量接近按圆轨迹旋转,通过逆变器的不同开关状态所产生的实际磁通去逼近理想磁通圆,并由两者的比较结果来决定逆变器的开关状态,从而形成 PWM 波形。

设直流母线侧电压为 U_{dc},逆变器输出的三相相电压为 U_A、U_B、U_C,其分别加在空间上互差 120°的三相平面静止坐标系上,可以定义三个电压空间矢量 $\dot{U}_A(t)$、$\dot{U}_B(t)$、$\dot{U}_C(t)$,它们的方向始终在各相的轴线上,而大小则随时间按正弦规律做变化,时间相位互差 120°。假设 U_m 为相电压有效值,f 为电源频率,则有

$$\begin{cases} \dot{U}_A(t) = U_m \cos\theta \\ \dot{U}_B(t) = U_m \cos(\theta - 2\pi/3) \\ \dot{U}_C(t) = U_m \cos(\theta + 2\pi/3) \end{cases} \tag{6-1}$$

式中:$\theta = 2\pi ft$,则三相电压空间矢量相加的合成空间矢量 $\dot{U}(t)$ 就可以表示为

$$\dot{U}(t) = \dot{U}_A(t) + \dot{U}_B(t)e^{j2\pi/3} + \dot{U}_C(t)e^{j4\pi/3} = \frac{3}{2}U_m e^{j\theta} \tag{6-2}$$

可见 $\dot{U}(t)$ 是一个旋转的空间矢量,它的幅值为相电压峰值的 1.5 倍,U_m 为相电压峰值,且为以角频率 $\omega = 2\pi f$ 按逆时针方向匀速旋转的空间矢量,而空间矢量 $\dot{U}(t)$ 在三相坐标轴(a,b,c)上的投影就是对称的三相正弦量。

由于逆变器三相桥臂共有 6 个开关管,为了研究各相上下桥臂不同开关组合时逆变器输出的空间电压矢量,特定义开关函数 $S_x(x=a、b、c)$ 为

$$S_x = \begin{cases} 1, & \text{上桥臂导通} \\ 0, & \text{下桥臂导通} \end{cases} \tag{6-3}$$

$(S_a、S_b、S_c)$ 的全部可能组合共有 8 个,包括 6 个非零矢量 $\dot{U}_1(001)$、$\dot{U}_2(010)$、$\dot{U}_3(011)$、$\dot{U}_4(100)$、$\dot{U}_5(101)$、$\dot{U}_6(110)$,以及两个零矢量 $\dot{U}_0(000)$、$\dot{U}_7(111)$,下面以其中一种开关组合为例分析,假设 $S_x(x=a、b、c)=(100)$,此时

$$\begin{cases} U_{ab}=U_{dc},U_{bc}=0,U_{ca}=-U_{dc} \\ U_{aN}-U_{bN}=U_{dc},U_{aN}-U_{cN}=U_{dc} \\ U_{aN}+U_{bN}+U_{cN}=0 \end{cases} \tag{6-4}$$

矢量 $\dot{U}_4$ 原理图如图 6.24 所示。求解上述方程可得:$U_{aN}=2U_{dc}/3$、$U_{bN}=-U_{dc}/3$、$U_{cN}=-U_{dc}/3$。同理可计算出其他各种组合下的空间电压矢量,如表 6.7 所列。

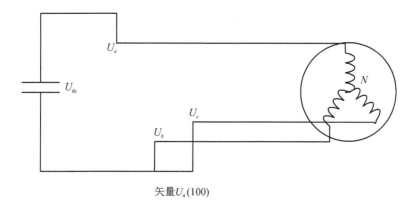

矢量$U_4(100)$

图 6.24 矢量 $\dot{U}_4$ 原理图

其中非零矢量的幅值相同(模长为 $2U_{dc}/3$),相邻的矢量间隔 $60°$,而两个零矢量幅值为零,位于中心。在每一个扇区,选择相邻的两个电压矢量以及零矢量,按照伏秒平衡的原则来合成每个扇区内的任意电压矢量或者等效成下式:

$$\dot{U}_{ref} \cdot T = \dot{U}_x \cdot T_x + \dot{U}_y \cdot T_y + \dot{U}_0 \cdot T_0 \tag{6-5}$$

式中:$\dot{U}_{ref}$ 为期望电压矢量;T 为采样周期;T_x、T_y、T_0 分别为对应两个非零电压矢量 $\dot{U}_x$、$\dot{U}_y$ 和零电压矢量 $\dot{U}_0$ 在一个采样周期的作用时间,其中 $\dot{U}_0$ 包括了 $\dot{U}_0$ 和 $\dot{U}_7$ 两个零矢量。

表 6.7　开关状态与相电压和线电压的对应关系

S_a	S_b	S_c	矢量符号	线电压			相电压		
				U_{ab}	U_{bc}	U_{ca}	U_{aN}	U_{bN}	U_{cN}
0	0	0	$\dot{U}_0$	0	0	0	0	0	0
1	0	0	$\dot{U}_4$	U_{dc}	0	0	$\frac{2}{3}U_{dc}$	$-\frac{1}{3}U_{dc}$	$-\frac{1}{3}U_{dc}$
1	1	0	$\dot{U}_6$	U_{dc}	U_{dc}	0	$\frac{1}{3}U_{dc}$	$\frac{1}{3}U_{dc}$	$-\frac{2}{3}U_{dc}$
0	1	0	$\dot{U}_2$	0	U_{dc}	U_{dc}	$-\frac{1}{3}U_{dc}$	$\frac{2}{3}U_{dc}$	$-\frac{1}{3}U_{dc}$
0	1	1	$\dot{U}_3$	0	U_{dc}	U_{dc}	$-\frac{2}{3}U_{dc}$	$\frac{1}{3}U_{dc}$	$\frac{1}{3}U_{dc}$
0	0	1	$\dot{U}_1$	0	0	U_{dc}	$-\frac{1}{3}U_{dc}$	$-\frac{1}{3}U_{dc}$	$\frac{2}{3}U_{dc}$
1	0	1	$\dot{U}_5$	U_{dc}	0	U_{dc}	$\frac{1}{3}U_{dc}$	$-\frac{2}{3}U_{dc}$	$\frac{1}{3}U_{dc}$
1	1	1	$\dot{U}_7$	0	0	0	0	0	0

由于三相正弦波电压在电压空间向量中合成一个等效的旋转电压,其旋转速度是输入电源角频率,等效旋转电压的轨迹将是如图 6.25 所示的圆形。所以要产生三相正弦波电压,可以利用以上电压向量合成的技术,在电压空间向量上,将设定的电压向量由 $\dot{U}_4$(100)位置开始,每一次增加一个小增量,每一个小增量设定电压向量可以用该区中相邻的两个基本非零向量与零电压向量予以合成,如此所得到的设定电压向量就等效于一个在电压空间向量平面上平滑旋转的电压空间向量,从而达到电压空间向量脉宽调制的目的。

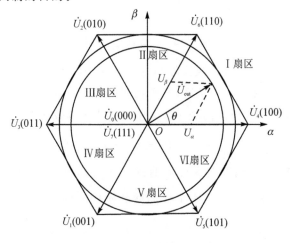

图 6.25　电压空间矢量图

1）开门动作

开门过程分为五个阶段：低速初始阶段、加速阶段、匀速阶段、减速阶段和低速到位阶段，开门曲线如图 6.26 所示。

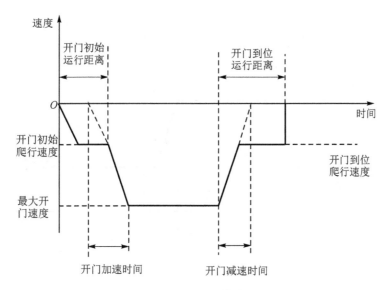

图 6.26 开门曲线

开门过程各阶段的参数如表 6.8 所列。

表 6.8 开门参数表

序 号	参数名称	参数说明
1	开门初始爬行距离	开门操作初始阶段，低速运行的一段距离
2	右门开门初始爬行速度	开门操作初始阶段的运行速度
3	开门低速及初始模式速度	自学习状态下的运行速度
4	开门到位爬行距离	开门到位前，低速运行的距离
5	最大开门速度	门体在匀速开门运行阶段的速度
6	开门到位爬行速度	开门到位阶段的运行速度
7	开门加速时间	从 0 加速到最大开门速度的时间
8	开门减速时间	从最大开门速度减速到 0 的时间
9	开门到位维持力矩	开门到位后维持两扇门处于打开状态的力
10	开门力矩限制	在整个开门过程中的最大力
11	开关门到位力	在到位爬行阶段中的最大力
12	遇阻判断时间	识别障碍物的判断时间
13	遇阻开门距离	从关门遇阻到开门到停车位置的距离

2）关门动作

关门过程也分为五个阶段：低速初始阶段、加速阶段、匀速阶段、减速阶段和低速到位阶段，关门曲线如图 6.27 所示。

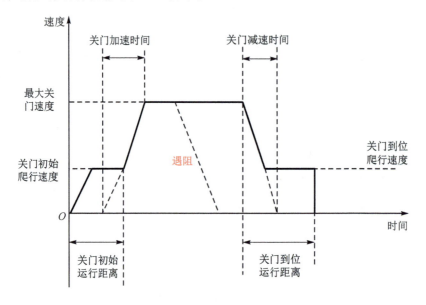

图 6.27　关门曲线

关门过程各阶段的参数如表 6.9 所列。

表 6.9　关门参数表

序　号	参数名称	参数说明
1	关门初始爬行距离	关门操作初始阶段，低速运行的一段距离
2	关门初始爬行速度	关门操作初始阶段的运行速度
3	关门低速及初始模式速度	上电初始状态以及自学习状态下的运行速度
4	关门到位爬行距离	关门到位前，低速运行的距离
5	最大关门速度	门体在匀速关门运行阶段的速度
6	关门到位爬行速度	关门到位前的运行速度
7	关门加速时间	从 0 加速到最大关门速度的时间
8	关门减速时间	从最大关门速度减速到 0 的时间
9	关门到位维持力矩	关门到位后维持两扇门处于夹紧状态的力
10	关门力矩限制	在关门匀速过程中的最大力
11	开关门到位力	在到位爬行阶段中的最大力
12	遇阻判断时间	识别障碍物的判断时间

(4) PID 控制算法的改进

针对常规 PID 控制存在的问题,将 PID 控制器与其他的算法相结合,对 PID 控制器进行改进,得到了多种改进型 PID 控制器。

不完全微分 PID 控制算法中微分项的改进:

在 PID 控制中,微分信号的引入可改善系统的动态特性,但也容易引起高频干扰。在误差扰动突变时尤其显出微分项的不足。若在控制算法中加入低通滤波器,则可使系统性能得到改善。

不完全微分型 PID 算法传递函数框图如图 6.28 所示,传递函数为

$$G_C(S) = K_P \left(1 + \frac{1}{T_I S}\right) \left(\frac{T_D S + 1}{\frac{T_D}{K_D} S + 1}\right) \tag{6-6}$$

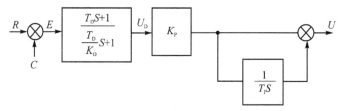

图 6.28 不完全微分型 PID 算法传递函数框图

不完全微分型 PID 算法的差分方程为

$$u_D(n) = u_D(n-1) + \frac{T_D}{\frac{T_D}{K_D} + T} [e(n) - e(n-1)] +$$

$$\frac{T}{\frac{T_D}{K_D} + T} [e(n) - u_D(n-1)] \tag{6-7}$$

$$\Delta u(n) = K_P \frac{T}{T_I} u_D(n) + K_P [u_D(n) - u_D(n-1)] \tag{6-8}$$

完全微分和不完全微分作用的区别如图 6.29 所示。

控制子系统作为站台门控制系统最重要的部件之一,主要完成的功能有:①接收来自 PSC 及继电器的指令信号,控制站台门的开/关门动作;②将站台门与列车驾驶员专用门的开关状态及电机或锁闭装置的运行状态经总线传送到 PSC;③由 PSC 经总线下载/上载站台门控制参数。通过接收来自中央控制系统的控制信号,控制滑动门的开启、关闭和锁闭,以及探测滑动门打开和关闭时是否遇到障碍物受阻等,并将滑动门的运行状态反馈给监控系统。各个门控单元通过硬线串联起来,并首尾连至中央控制系统,形成安全回路,确保任何单点线路中断都不会影响到滑动门的

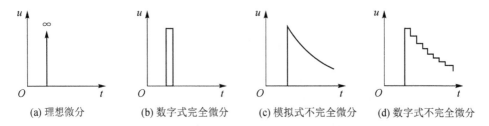

图 6.29　完全微分和不完全微分作用的区别

开关,而且某个门控单元发生故障时只影响到它所控制的某个滑动门。

1) 门机控制单元硬件设计

站台门系统的门控单元采用一控两驱的设计原理,结构上采用模块化设计的思想,主要模块包括门机驱动器和门机控制器以及外围输入/输出设备。其中控制器和驱动器采用高性能互联型处理器芯片作为开发平台,提供与中央控制盘的硬线连接接口以及上位机监控系统通信的 MODBUS 总线接口,并连接电磁锁、接近开关、状态灯和蜂鸣器等外围设备。驱动器,通过 CAN 总线接口连接到控制器,负责电机驱动算法的实现以及滑动门状态数据的反馈。电气原理如图 6.30 所示。

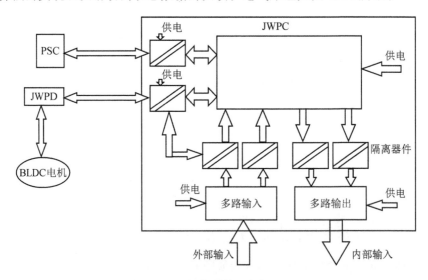

图 6.30　门机控制单元电气原理图

为了满足电磁兼容性,在硬件电器上采用通信供电电源、运动控制芯片、隔离电路、多路输入信号模块、多路输出信号模块、MODBUS 通信和 CAN 通信。运动控制系统提供与 PSC 的 MODBUS 通信接口,通过 MODBUS 模块接收上位机指令和反馈状态,运动控制模块根据控制指令和当前设备状态判断出对门体的运动指令并通过 CAN 模块发送到 JWPD。站台门在自动模式下,JWPC 接收来自 PSC"自动开滑动门"和"自动关滑动门"的开关滑动门命令来进行开启滑动门和关闭滑动门。在手动模式下，JWPC(AT‑EB)接收来自"就地开滑动门"和"就地关滑动门"的脉冲开关滑动门命令来进行开滑动门和关滑动门。

2）门机控制单元软件

门机控制单元软件采用 μCOS‑Ⅱ操作系统作为平台开发完成，从模块上划分为运动控制、MODBUS 通信和 CAN 通信三个部分。

3）运动控制

运动控制任务负责采集外围设备的状态数据进行逻辑判断，根据结果执行开关门操作。该任务必须能正确分析出遇阻、手动解锁等情况的发生，并做出对应处理。

门控单元开机后，需执行设备初始化过程，包括处理器外围资源的配置以及开关门运动曲线参数的生成。等待门体关门到位后执行任务主循环，为保证系统的实时性，该循环为每 1 ms 执行一次，通过读取输入端口和当前驱动器反馈的运动状态，对相应的标志或状态寄存器进行置位清零，然后动作执行部分按照标志或状态寄存器的值对外部设备做出相应的输出并且通过 CAN 总线对驱动器发出运动指令。远程更改功能可通过远程指令对驱动器进行配置，来屏蔽或使能遇阻检测以及热保护功能。

在开门状态下，因不排除手动开关门操作，先判断当前是否已经开门到位，否则进入开门操作流程：首先进行提锁操作，根据微动开关的反馈信号，可以有效地判断出电磁锁的状态或错误；然后驱动电机关门，针对本设计所应用的无刷直流电机，以 PI 调节算法采用三闭环控制，包括电流环、速度环和位置环，具有噪声低，脉动转矩小，效率高等优点；门体开到位后退出开门状态。关门过程与开门过程相反，先驱动电机关门再执行落锁操作。

4）MODBUS 通信

MODBUS 连接门机控制单元和上位机，遵循 MODBUS RTU 协议，主要完成的功能包括：①远程控制，由上位机对门机控制单元发出远程控制指令；②参数配置，通过中央控制盘可对门机控制单元中驱动器的开关门参数进行在线维护；③监控功能，中央控制盘可读取门机控制单元的状态寄存器，判断门体当前的运行状态。

门机控制单元作为从属节点连接到总线上，采用了 USART 实现总线接口，并且进行冗余设置，以上功能都是通过读/写控制器中的寄存器实现的。任务流程如图 6.31 所示。

图 6.31 MODBUS 通信任务流程图

6. 组网架构

站台门控制系统采用现场总线技术,按照分散化、网络化、智能化发展的要求,把挂接在总线上、作为网络节点的各设备,连接为网络集成式的全分布控制系统,以实现对站台门的基本控制、参数修改、报警、显示、监视等综合自动化功能。站台门控制系统组网示意图如图 6.32 所示。

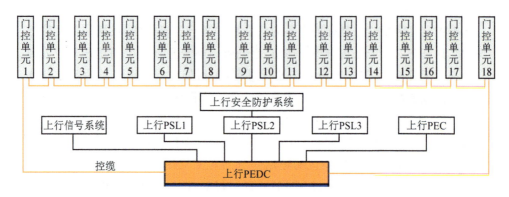

图 6.32 站台门控制系统组网示意图

① 在一个站台门控制子系统中,PEDC 和 DCU 组应通过双重冗余的现场总线构成开放的通信网络系统。两路现场总线应互为热备用,可同时传送网络数据。如果工作中的一路现场总线发生故障,另一路备用的现场总线应自动进入工作状态。整个切换过程应无扰动,不应影响站台门系统的正常运行。

② 网络拓扑结构应为总线型。

③ 网络物理层物理接口标准可采用 RS485/422 国际标准,并应满足铁路运营环境的电磁兼容要求。

④ 网络节点数不应大于 16。

⑤ 网络通信系统的数据信号速率应不低于 57 600 bit/s。

⑥ PSL 应通过硬线与 DCU 组和 PEDC 相连。

⑦ PEDC 应通过硬线与信号系统相连。

6.3.2 大开度平移式站台门

传统平移式站台门早期主要应用于城市轨道交通中,净开度均为 2 m,该值为列车车门净开度(1 400 mm)加上停车误差(300 mm)的两倍,而我国铁路存在多种不同车型列车共线运行的情况,为更好兼容复兴号、和谐号等不同列车车型同站停靠的复杂工况,满足我国多车型、多编组的线路运营的需求,更大开度的平移式站台门应运而生。

1. 4 m大开度站台门

4 m大开度站台门门体结构单边悬臂突破了标准1 m的传统限制,实现了单边2 m(单组滑动门4 m)的净开度,能够适应我国复兴号列车相邻车厢列车门距离过近的工况,该种形式的站台门由中国铁道科学研究院集团有限公司首创性研发,并于2018年在京沈试验线黑山北站进行为期一年的线路实验,对门体结构强度、功能、性能、车地联动控制、与旅客信息服务系统融合效果等方面进行全方位的测试和验证。2019年,该形式站台门成功在新建京张高铁清河站、八达岭长城站和太子城站示范应用,为冬奥期间各国乘客安全出行保驾护航,并随后在北京南站、佛山西站等铁路客运车站推广应用。4 m大开度站台门示意图如图6.33所示,4 m大开度站台门实物图图6.34所示。

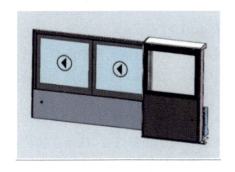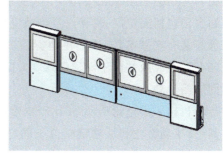

图6.33 4 m大开度站台门示意图

图6.34 4 m大开度站台门现场实拍图

4 m大开度站台门除了采用传统玻璃和金属材质外,还首次引入轻质复合型材质,减轻门体重量,在降低门体驱动负荷的同时,提升了整个系统的稳定性,克服了门体动能和开关门时间难以兼容的难题;传动结构采用双导轨,传动结构独立设计,单独加工,使精度更高,让传动更加稳定可靠,使悬臂门体的强度更高。

在监控系统方面,4 m 大开度站台门使用冗余控制技术,并基于 CTCS3＋ATO 系统在京张高铁实现站台门与列车门的联动控制,减轻车站运维人员工作强度,保障旅客安全出行。同时,融合旅服信息系统,在站台门侧盒显示屏上动态展示列车进出站信息、列车车次和车厢号,为旅客快速乘降提供精准指引,极大地提升了国内高速铁路站台防护装备的自动化、智能化水平,为打造"智能京张"的靓丽名片提供技术支持。除此之外,采用 3D 激光雷达探测系统对站台门与列车间的立体空间进行探测,防止旅客、行李及其他障碍物遗留在站-车间隙中,对列车安全运行和旅客生命财产安全起到至关重要的保护作用。

2. 超大开度站台门

滑动门的滑动方向如图 6.35 中箭头所示的方向。减速电机驱动主动链轮,带动传动链条转动,借由链条连接片拖动滑动门,驱动滑动门向固定门内滑动,以空出列车与站台的上下车通道,实现站台门的开启。8 m 超大开度平移式站台门结构设计示意图和实物图如图 6.35 和图 6.36 所示。

站台门包括固定门、滑动门及传动机构,其中固定门具有容纳腔,容纳腔的顶部和底部安装有支撑梁,支撑梁转动安装多个滚轮,滑动门与滚轮滑动配合。传动机构安装在容纳腔内并位于滑动门高度方向的中部,传动机构用于驱动滑动门沿滚轮相对固定门滑动。

传动机构采用链轮传动,相比于皮带传动,精度高且无需设置张紧轮,使用寿命长。其中,主动链轮和从动链轮位于固定门高度方向的中部位置,链条连接片与滑动门固定连接,当传动链条向前输送时,滑动门随之运动并输出至固定门外。滑动门有打开和关闭两种状态,当滑动门从固定门中滑出也即滑动门处于关闭状态时,与滑动门相连的链条连接片处于第一位置,当滑动门处于打开状态时,与滑动门相连的链条连接片处于第二位置,第一位置和第二位置均位于主动链轮和从动链轮同一侧的链条上,借助传动链条实现滑动门在固定门内的水平运动。

利用滑动门框支撑梁和多个内嵌在滑动门门框支撑梁中的尼龙滚轮共同支撑和引导滑动门组件的水平伸缩滑动,解决了增大站台门开度时面临的自身结构强度变差的问题,从而解决了列车停靠时列车车门与站台门无法对中的问题。

该种形式的站台门优点如下:

● 8 m 超大开度站台门,适应更多高速铁路车型和编组运营场景;
● 突破超长悬臂梁结构平移运动、多重反馈运动控制算法难题;
● 融合激光探测,保障运行安全。

4 m 大开度和 8 m 超大开度站台门的控制原理与传统 2 m 开度的站台门相似,

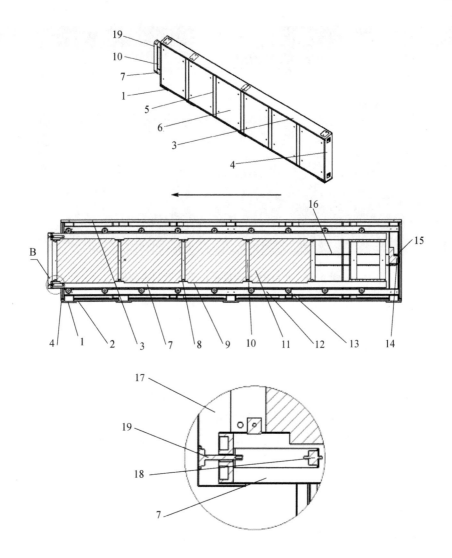

1—门框立柱;2—底板;3—顶板;4—侧板;5—立板;6—门板;7—滑动门框杆;8—固定连接片;
9—钢化玻璃孔;10—玻璃压板;11—钢化玻璃;12—支撑梁;13—滚轮;14—减速电机;15—主动链轮;
16—传动链条;17—受力件;18—万向力传感器;19—传感器支架

图 6.35　8 m 超大开度平移式站台门结构设计示意图

但其悬臂结构更大,需要在机械结构设计时采取合理的方法,避免悬臂结构的下垂
和运行时的抖动;在控制方面需要的驱动功率更大,需要配备更大功率的驱动电机,
而电气驱动控制部分也有特定的功率设计。

图 6.36 8 m 超大开度平移式站台门实物图

6.3.3 升降式站台门

平移式站台门虽然能够完全封闭整个站台,满足站台防护的安全需求,但其能满足的列车车型有限。升降式站台门完全改变滑动门的运动方向,在列车进站后,将门体完全升起,站台边缘除立柱结构之外的空间完全敞开(也可根据车站运行车型,设置部分固定门以降低造价),相较于平移式站台门能够适应的列车车型更多。

1. 绳索式升降站台门

绳索式升降站台门结构简单,可实现的单门开度可达 20 m 以上,质量最轻,对土建条件的要求最低,但其采用软质绳索进行站台防护,绳索之间存在明显的间隙,并未完全形成封闭的物理隔离,在隔离效果和安全性上不如传统平移式站台门。目前,该种形式的站台门已在郑州东站、昆明南站等铁路客运车站进行示范应用。绳索式升降站台门实物图如图 6.37 所示。

2. 栏杆式升降站台门

栏杆式升降站台门结构简单,可实现的单门开度可达 12 m 以上,质量较轻,对土建条件的要求较低,但其采用硬质栏杆进行站台防护,栏杆之间存在明显的间隙,并未完全形成封闭的物理隔离,在隔离效果和安全性上不如传统平移式站台门,同时,硬质栏杆因其结构强度和重量的匹配存在较大难度,硬度和挠度更大的材质不

图 6.37 绳索式升降站台门实物图

容易产生下垂和弯曲，但也往往意味着更大的重量，对驱动机构造成的压力更大，如何平衡栏杆的结构强度、重量和长度（直接影响门体净开度）是栏杆式升降站台门面临的关键问题。栏杆式升降站台门示意图如图 6.38 所示。

图 6.38 栏杆式升降站台门

3. 封闭式升降站台门

如图 6.39 所示，升降式站台门门体结构由驱动立柱、升降门扇和顶部横梁组成。

升降式站台门在两根驱动立柱间设置升降门扇，通过升降门扇（或绳索、栏杆）在垂直方向移动形成旅客乘降通道，相比平移式站台门净开度更大（10 m 以上），对不同车型列车的兼容性更强，通过驱动立柱与站台土建部分连接固定，在顶部设置通长的中控横梁走线，以此降低施工成本。其应用效果如图 6.40 所示。

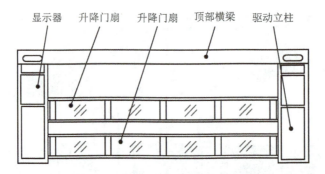

显示器　升降门扇　升降门扇　顶部横梁　驱动立柱

图 6.39　升降式站台门机械结构示意图

图 6.40　封闭式升降站台门应用实景图

　　针对封闭式升降站台门,为提升升降式站台门的安全性,在机械结构方面和控制系统上需要进行特别的设计。

　　升降式站台门系统采用垂直移动的方式,极大地增强了站台门系统对于不同车型列车的兼容性,但同时也引入了诸多平移式站台门系统中不存在的问题,主要集中在开关门过程和门体断电等突发情况下,如何保障系统自身安全和候车乘客安全的问题。

　　在机械结构设计方面,通过类似于垂直电梯的平衡配置技术,在驱动立柱内部空间配备与升降门扇等重的配重块,使升降门在整个运动过程中始终处于受力平衡状态,一方面可以减轻电气驱动门扇运动的输出功率,另一方面能够保证门体断电情况下不会自由落体砸伤乘客。配重平衡实物图如图 6.41 所示。

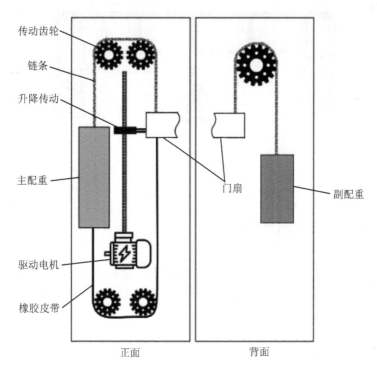

图 6.41 配重平衡实物图

在控制系统设计方面,通过三重防护增强其安全性。通过移动门扇下方的红外对射传感器,能够在不接触人体的情况下检测到乘客处于滑动门扇正下方,从而控制移动中的门扇停止动作,避免对乘客造成人身伤害。同时还通过软质压力传感器,在红外对射功能失效的情况下,通过轻微碰触乘客实现异物探测,防止进一步伤害。最后还对电机电流实时监测和智能判断,作为保护乘客的最后一道防线。三重防护功能能够极大提高系统的安全性。

图 6.42 所示为防护系统示意图。在升降式站台门立柱门槽距离底部高 200 mm 位置处、750 mm 间隙处安装红外安全探测装置,进行关门过程中旅客安全防穿越探测。探测装置在站台门关闭过程中进行探测,当探测到有障碍物时,站台门停止关闭,此时门头指示灯红灯闪烁蜂鸣器急促鸣响;当障碍物排除时,指示灯恢复、蜂鸣器停止,站台门正常关闭。站台门门框底部海绵垫下方 80 mm 位置处设置红外对射装置。当监测到障碍物时,电机开始制动,停止后进行反转,并上升到一定高度(距离可调),门打开后延迟 2 s 再进行关门动作。反复以上动作 3 次,仍然不能正常关门时,站台门门体全开后报警,此时门头指示灯红灯闪烁、蜂鸣器急促鸣响。

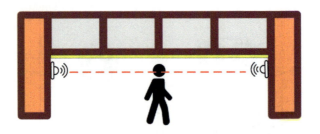

图 6.42　防护系统示意图

6.3.4　全移动式站台门

全移动式站台门可通过设置在站台边缘的轨道左右平移,实现站台门与列车门的精准对位。一般有两种方案:方案一,伸缩式全移动站台门;方案二,错落布设式全移动站台门。

1. 伸缩式全移动站台门

内外两层伸缩式全移动站台门如图 6.43 所示。

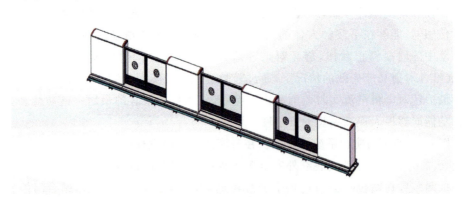

图 6.43　内外两层伸缩式全移动站台门

(1) 机械结构

一个单元宽为 3.5 m,其中主移动门宽为 1.5 m,子移动门分别为 1 m,共计 3.5 m,根据车型的需要增加单元的数量,一个单位可移动范围为±2 m,通过不同的左右组合形成所需的开门通道。移动门结构如图 6.44 所示。

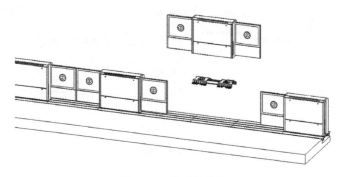

图 6.44　移动门结构

主移动门附带 2 个移动门,每个移动门配置不同的驱动动力;主移动门底部顺着站台长度方向,设置两条轨道,用于约束主滑动门高度和前后方向的运动,其轨道隐藏于站台装修面以下,不影响乘客行走,轨道通过结构件与一次结构连接,将门体受到的风压、人群挤压等载荷传递给一次结构。

门体可进行贴近站台边缘安装,也可退台安装,当退台安装时设置有专门的排水管,将水排出,不影响门体运行。

开始模式 1:打开所有子滑动门,三道 2 m 开度常规门,如图 6.45 所示。

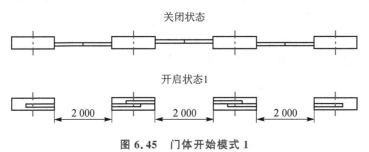

图 6.45　门体开始模式 1

开始模式 2:主移动门收缩模式,两道 3 m 开度通道,如图 6.46 所示。

图 6.46　门体开始模式 2

开始模式 3:主移动门张开模式,1 道 6 m 开度通道,如图 6.47 所示。

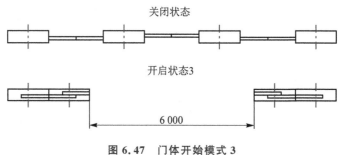

图 6.47　门体开始模式 3

（2）控制系统

依据上述机械设计方案中所述，每侧站台门门体由若干个移动门单元构成，每个移动门单元由移动本体和左右滑动门构成。如果每个最小移动机构如左右滑动门或移动本体都设置一套门控单元，则左右滑动门与移动本体之间需提供通信接口用于协调在运动过程中的相对速度和相对位置，大大提高了开发难度，另外，所需配套的零部件及与中央控制盘通信和控制接口较多，从成本上及可实施性的角度上难以接受。

针对以上考虑，本方案以每组移动门单元设置一套门控单元的原则进行电气控制系统设计，如图 6.48 所示。门控单元由一台控制器、三台驱动器和配套电机以及外围输入/输出设备构成。其中控制器作为本组移动门单元的控制中心，提供与外围设备及中央控制盘的通信和控制接口，根据接收到的控制指令并进行优先级逻辑处理后，统一协调驱动器执行开关门运动；三台驱动器分别对应左右滑动门和移动本体的电机，为提高伺服精度，本方案中驱动机构采用带编码器的无刷直流电机并采用矢量控制算法。驱动器根据控制器的指令驱动电机带动门体移动到设定位置，并实时反馈当前的伺服状态。因相邻的移动门单元之间存在行程范围交叉，所以门控单元之间需额外设置一套通信接口，用于实时交换当前所处的坐标位置及目标位置，如发生干涉时通过声光设备进行报警提醒。

无论是在传统的平移式站台门系统中还是在本文所述的自适应站台门系统中，中央控制盘都是作为系统的控制中枢，实现系统级、站台级和紧急级操作。因自适应门系统中移动门单元的开门组合方式较多，因此中央控制盘与门控单元的控制接口由多条指令线构成，中央控制盘在下发指令时对指令线进行二进制编码，每套门控单元内部预先烧写了指令编码与移动位置的对应表，在检测到控制接口有指令产生时，接收并进行解码，通过查表获知移动本体所需移动的目标位置及左右滑动门的开关位置，从而驱动电机执行动作。中央控制盘通过现场总线实时读取门控单元的故障、报警和状态数据，通过界面软件进行事件展示和存储。

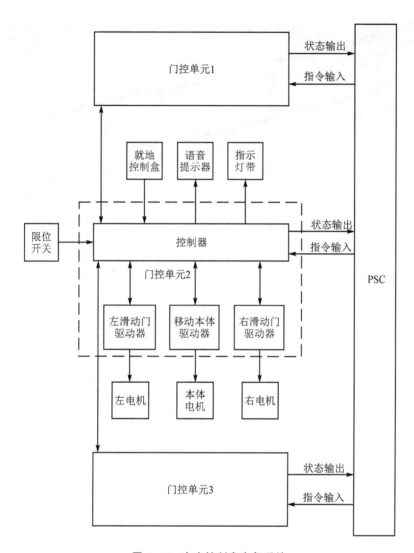

图 6.48 中央控制盘电气系统

2. 错落布设式全移动站台门

在站台边缘沿全长挖一个槽道,用于安装自适应门底部的传动结构。门体结构采用错落布置,形成一道封闭的隔离屏障。任意相邻的门体都可以打开,形成乘降通道,代替传统滑动门,负责站台封闭(无车时)和形成乘降通道(有车时)。门体在一定范围内可以整体移动,以适应不同车型的对应情况,并具备调整门体净开度的功能。此结构设计对多车型的适应性更有利。错落布设式全移动站台门如图 6.49 所示。

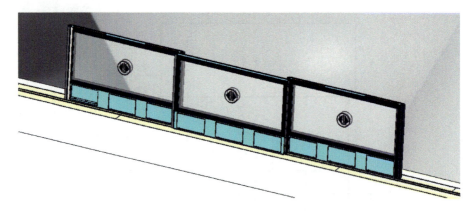

图 6.49　错落布设式全移动站台门

自适应站台门系统打破了传统半高门的设计理念和布置方式,改变以往的同一平面布置为错落布置,侧部支撑为底部支撑,固定开门位置为可调整开门位置,从全新的角度入手,开发新型结构与安装方式。

(1) 机械结构

1) 门体错落布置

自适应门体的设计初衷是为了实现任意位置均可开启通道供乘客顺畅乘降,单层布置方式若实现以上目的,每扇门体的移动均牵扯相邻门体,动作涉及的范围过大,不符合设计简单有效的原则,双层错落布置则可以规避这一问题,使相关运动涉及范围小,执行动作更加直接。错落布置会使门体对应的传动结构模块化程度更高,使后期的批量生产更好控制,质量更好保证。

2) 无侧向支撑的半高门体结构

半高站台门的传统设计方案采用固定侧盒作为侧向固定支撑,为运动提供基座,滑动门安装在固定侧盒上,可往复直线运动,滑动门打开时,相对于侧盒为"收臂"状态;关闭时,相对于侧盒为"出臂"状态,由于侧盒相对于地面固定且占有一定地面面积,与任意位置可以开启通道的设计理念相违背,故自适应门的结构为下部支撑且传动结构位于站台完成面以下,以保证站台面以上均为可选择的通道。

无侧向支撑的自适应门采用"一驱一动"的控制模式,由于每个门体均需独立运动,故控制单元和传动结构都是独立设置。底部支撑采用双支撑,此设计加大了整个机构的强度,由于门体高度方向为大悬臂状态,在底部空间有限的条件下,采用双支撑使整个结构受力更合理。传动结构采用主辅相结合的方式,使门体运动更加稳定平滑,传动方式采用对环境适应性更强的链轮链条传动,导向方式采用滚轮配合定制导轨组合,此组合对环境要求更低,无需注油维护,摩擦阻力小,满足地面下设置传动结构的基本要求,减少了后期维护工作量。

3）可调整开门位置

广泛应用于地铁、城际领域的站台门中滑动门位置均是唯一固定的,不能随着到站车辆车型的变化而调整,故对于铁路多车型的适应度低。自适应门由于错落布置、拥有独立的控制及传动部件,以及独特的下部(站台面下)支撑可以使开门位置按照所需位置调整,能实现站台门智能化运动,改变了以往固定位置开门的局限性,满足了多车型的应用要求,扩宽了站台门的应用范围。

（2）控制系统

方案一中所有的移动门单元都在同一轨道上运行,因此相互之间存在行程范围交叉,具有极强的耦合性,这对开发以及后期系统的稳定性带来非常大的影响。而方案二中在机械结构上采用了错位布置,只有同一轨道上两个滑动门存在行程范围交叉,因此极大地降低了系统的耦合性。

如果将同一轨道上的两扇滑动门看做一个整体从而设置一套门控单元,其相互之间的运动协调更为简单,但这种方式需在两扇滑动门中选择一扇作为门控单元中控制器的载体,而另一扇中所有的外围设备需配置线缆至该处由控制器进行统一控制。由机械设计方案中可知两者之间没有相对静止的机械连接,需通过坦克链提供敷设线缆的通道,上述方案中线缆的数量庞大,这对坦克链的规格尺寸及底座的设计尺寸要求较大,给安装实施造成了严重的影响。考虑到该因素,本方案中按照每扇滑动门设置一套门控单元的方式进行设计实现,如图6.50所示。因每套门控单元只包含一台驱动器及配套电机,为了降低成本并减小安装尺寸,将驱动器与控制器合并,由一片MCU实现所有的逻辑处理及电机驱动功能。因同一轨道上的滑动门之间存在行程范围交叉,所以对应门控单元之间需设置通信接口,用于实时交换当前所处的坐标位置及目标位置,如发生干涉时通过声光设备进行报警提醒。中央控制盘的设计方案同方案一相同,如图6.50所示。

3. 集群控制算法

（1）算法简介

粒子群算法,也称粒子群优化算法或鸟群觅食算法(Particle Swarm Optimization,PSO),是近年来由J. Kennedy和R. C. Eberhart等开发的一种新的进化算法(Evolutionary Algorithm,EA)。PSO算法属于进化算法的一种,其与模拟退火算法相似,也是从随机解出发,通过迭代寻找最优解,通过适应度来评价解的品质,但它比遗传算法规则更为简单,没有遗传算法的"交叉"(Crossover)和"变异"(Mutation)操作,是通过追随当前搜索到的最优值来寻找全局最优。粒子群算法是一种并行算法。

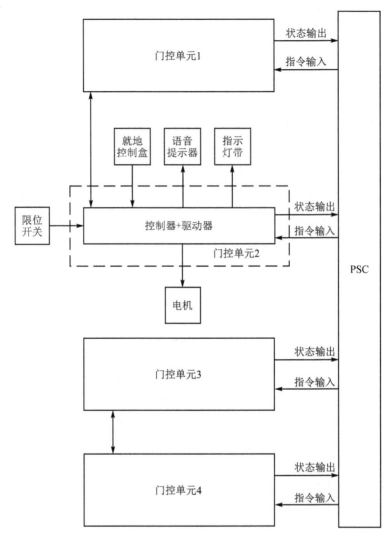

图 6.50　中央控制盘设计方案

（2）算法描述

　　如同前面的描述，PSO模拟的是鸟群的捕食行为。设想这样一个场景：一群鸟在随机搜索食物。在这个区域里只有一块食物。所有的鸟都不知道食物在哪里。但是它们知道当前的位置离食物还有多远。那么找到食物的最优策略是什么呢？最简单有效的就是搜寻目前离食物最近的鸟的周围区域。

　　鸟群在整个搜寻的过程中，通过相互传递各自的信息，让其他的鸟知道自己的位置，通过这样的协作，来判断自己找到的是不是最优解，同时也将最优解的信息传递给整个鸟群，最终，整个鸟群都能聚集在食物源周围，即找到了最优解。

PSO 中,每个优化问题的解都是搜索空间中的一只鸟。我们称之为"粒子"。所有的粒子都有一个由被优化的函数决定的适应值(fitness value),每个粒子还有一个速度决定它们飞翔的方向和距离。然后粒子们就追随当前的最优粒子在解空间中搜索。

PSO 初始化为一群随机粒子(随机解)。然后通过迭代找到最优解。在每一次迭代中,粒子通过跟踪两个"极值"来更新自己。第一个就是粒子本身所找到的最优解,这个解叫做个体极值 pBest。另一个极值是整个种群目前找到的最优解,这个极值是全局极值 gBest。另外也可以不用整个种群而只是用其中一部分作为粒子的邻居,那么在所有邻居中的极值就是局部极值。

(3) 算法原理

根据鸟群觅食行为衍化而来的粒子群优化算法其中各种元素对照关系如表 6.10 所列。

表 6.10　粒子群优化算法元素对照关系表

序　号	鸟群觅食	粒子群优化算法	任意门运动控制
1	鸟	粒子	任意门
2	森林	求解空间	任意门所处的轨道
3	食物的量	目标函数值(适应值)	对齐的车门需要移动的距离
4	每只鸟所处的位置	空间中的一个解(粒子位置)	任意门的位置
5	食物量最多的位置	全局最优解	任意门移动的最短的距离

① PSO 的基础:信息的社会共享。

② 粒子的 2 个属性:速度和位置(算法的 2 个核心要素)。

速度表示粒子下一步迭代时移动的方向和距离,位置是所求解问题的一个解。

③ 算法的 6 个重要参数。

假设在 D 维搜索空间中,有 N 个粒子,每个粒子代表一个解,则

第 i 个粒子的位置为

$$X_{id} = (x_{i1}, x_{i2}, \cdots, x_{iD})$$

第 i 个粒子的速度为(粒子移动的距离和方向)为

$$V_{id} = (v_{i1}, v_{i2}, \cdots, v_{iD})$$

第 i 个粒子搜索到的最优位置(个体最优解)为

$$P_{id, \text{gbest}} = (p_{i1}, p_{i2}, \cdots, p_{iD})$$

群体搜索到的最优位置(群体最优解)为

$$P_{d, \text{gbest}} = (p_{1, \text{gbest}}, p_{2, \text{gbest}}, \cdots, p_{D, \text{gbest}})$$

第 i 个粒子搜索到的最优位置的适应值(优化目标函数的值)为

$$f_p \text{——个体历史最优适应值}$$

群体搜索到的最优位置的适应值为

$$f_g \text{——群体历史最优适应值}$$

④ 粒子算法流程图如图 6.51 所示。

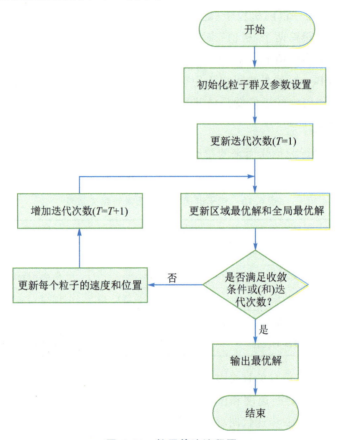

图 6.51　粒子算法流程图

(4) 速度更新公式

写作速度公式,实际上就是粒子下一代迭代移动的距离和方向,也就是一个位置向量。

$$v_{id}^{k+1} = \omega v_{id}^k + c_1 r_1 (p_{id,\text{pbest}}^k - x_{id}^k) + c_2 r_2 (p_{d,\text{gbest}}^k - x_{id}^k)$$

式中：i——粒子序号,$i=1,2,3,\cdots,N$,其中 N 为粒子群规模;

d——粒子维度序号,$d=1,2,3,\cdots,D$,其中 D 为粒子维度;

k——迭代次数;

ω——惯性权重;

c_1——个体学习因子;

c_2——群体学习因子；

r_1,r_2——区间$[0,1]$上的随机数，增加搜索的随机性；

v_{id}^k——粒子i在第k次迭代中第d维的速度向量；

x_{id}^k——粒子i在第k次迭代中第d维的位置向量；

$p_{id,\text{pbest}}^k$——粒子i在第k次迭代中第d维的历史最优位置，即在第k次迭代后，第i个粒子（个体）搜索得到的最优解；

$p_{d,\text{pbest}}^k$——群体在第k次迭代中第d维的历史最优位置，即在第k次迭代后，整个粒子群体中的最优解。

1）速度更新公式的解释

第一项：惯性部分

由惯性权重和粒子自身速度构成，表示粒子对先前自身运动状态的信任。

第二项：认知部分

表示粒子本身的思考，即粒子自己经验的部分，可理解为粒子当前位置与自身历史最优位置之间的距离和方向。

第三项：社会部分

表示粒子之间的信息共享与合作，即来源于群体中其他优秀粒子的经验，可理解为粒子当前位置与群体历史最优位置之间的距离和方向。

2）速度的方向

粒子下一代迭代的移动方向＝惯性方向＋群体最优方向，如图6.52所示。

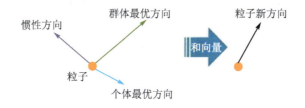

图 6.52　粒子速度方向

(5) 位置更新公式

上一步的位置——下一步的速度，即

$$x_{id}^{k+1} = x_{id}^k + v_{id}^{k+1}$$

(6) 算法参数的详细解释

1）适应值（fitness values）

适应值即优化目标函数的值，用来评价粒子位置的好坏程度，决定是否更新粒子个体的历史最优位置和群体的历史最优位置，保证粒子朝着最优解的方向搜索。

2）位置限制

限制粒子搜索的空间，即自变量的取值范围，对于无约束问题此处可以省略。

3）速度限制

为了平衡算法的探索能力与开发能力，需要设定一个合理的速度范围，限制粒子的最大速度 v_{max}，即粒子下一步迭代可以移动的最大距离。

当 v_{max} 较大时，粒子飞行速度快，探索能力强，但粒子容易飞过最优解；

当 v_{max} 较小时，飞行速度慢，开发能力强，但是收敛速度慢，且容易陷入局部最优解；

v_{max} 一般设为粒子变化范围的 10％～20％，可根据实际情况调整，但不能大于粒子（解）的变化范围。

4）优化停止准则

一般有以下两种：

① 最大迭代步数。

② 可接受的满意解，上一次迭代后最优解的适应值与本次迭代后最优解的适应值之差小于某个值后停止优化。

5）初始化

粒子群算法优化的结果受很多因素的影响，其中受粒子初始值的影响比较大，而且较难调控。如果粒子初始值是随机初始化的，那么在不改变任何参数的情况下，多次优化的结果不一定都收敛到一个全局或局部最优解，也可能会得到一个无效解。所以粒子初始化是一个十分重要的步骤，它关系到整个优化过程中优化收敛的速度与方向。如果粒子的初始化范围选择得好，则可以大大缩短优化的收敛时间，且不易于陷入局部最优解。我们需要根据具体的问题进行分析，如果根据我们的经验判断出最优解一定在某个范围内，则就在这个范围内初始化粒子。如果无法确定，则以粒子的取值边界作为初始化范围。

（7）算法应用

目前，许多实际应用场景中的优化问题均为 NP 难问题，且具有非线性、多指标、离散化和不确定性等特点。不同场景优化问题的描述和特点不同，侧重指标和要求不同，优化目标不同，导致求解这些不同场景问题时，无法找到一个通用的、标准的群智能优化算法来进行求解。通过结合群智能优化算法和不同场景优化问题的特点，研究能够高效求解这些问题的优化算法是当前的可行方法之一。通过研究不同策略的粒子群优化算法（PSO），可以用于求解这些典型的非线性、多目标、离散化优化问题，提高搜索精度和搜索效率，并能够扩展到相似的应用场景。

（8）在全移动站台门上的应用

在轨道交通领域，常规站台门与列车位置一般一一对应，便于乘客进行上下车。

随着轨道交通领域技术的发展与进步,站台门逐步应用于高铁、城际车站等场景,在这些场景中,单个站台上经常会停靠多种类型的列车,此时,传统的站台门设置方式常常无法满足站台门与列车门对应的要求。通过采用粒子群优化算法的控制策略,以及新形式的全移动式的站台门可以满足站台门与不同种类列车的对应。

站台上安装的任意门单元作为粒子群优化算法中的粒子。任意门可以在通常安装在站台上的轨道上的一定范围内进行运动,在轨道上可运动的距离作为算法中的求解空间。不同列车型号有不同的车门位置,任意门对齐车门位置需要移动的距离作为目标函数值。任意门的位置作为求解空间中的一个解。任意门移动的最短距离作为全局最优解。

应用实例流程:

① 单组任意门之间以相等的间距作为初始位置,给定任意门初始速度和方向。

② 单组任意门体控制器根据全局控制器(车站控制器)获取当前列车组对应的车门位置作为目标位置,根据生成的第一代子群与目标值对比,进行下一次迭代。

③ 根据如下速度更新公式对任意门迭代速度进行更新,速度向量公式如下:

$$v_{id}^{k+1} = \omega v_{id}^k + c_1 r_1 (p_{id,\text{pbest}}^k - x_{id}^k) + c_2 r_2 (p_{d,\text{gbest}}^k - x_{id}^k)$$

对于任意门速度更新公式中的各项参数表述如下:

i——任意门序号,$i=1,2,3,\cdots,N$,N 根据计算规模进行取值,根据门体数量以及列车种类的复杂程度在$[20,200]$之间取值。

d——粒子维度序号,$d=1$。

k——迭代次数。

ω——惯性权重,通常做法是使算法在前期有较高的全局搜索能力即较大的 ω 值,以得到合适的种子,而在后期有较高的局部搜索能力即较小的 ω 值,以提高收敛精度。

c_1,c_2——个体学习因子和群体学习因子;低的值使粒子在目标区域外徘徊,而高的值导致粒子越过目标区域。参数取值范围一般选取$[0,4]$,针对不同的问题有不同的取值,一般通过在一个区间内试凑来调整这两个值。

r_1,r_2——区间$[0,1]$上的随机数,增加搜索的随机性。

v_{id}^k——任意门 i 在第 k 次迭代中第 d 维的速度向量。

x_{id}^k——任意门 i 在第 k 次迭代中第 d 维的位置向量。

$p_{id,\text{pbest}}^k$——任意门 i 在第 k 次迭代中第 d 维的历史最优位置,即在第 k 次迭代后,第 i 个任意门搜索得到的最优解。

$p_{d,\text{pbest}}^k$——整侧任意门在第 k 次迭代中第 d 维的历史最优位置,即在第 k 次迭代后,整侧任意门中的最优解。

④ 最终目标为当前车型对应的所有门体均有任意门体与之对应,同时,同侧任

意门整体之间保持连续屏蔽姿态,相邻任意门之间不存在间隙,防止站台候车旅客跌落轨道。使用数学表达式对上述判据描述为

$$|A_i - X_j| \leqslant 允许的停车精度$$

$$\{L_j\} \bigcap \{L_{j+1}\} \geqslant 0$$

式中:A_i——全局控制器下发的车门位置;

X_j——任意门对应的位置,通过对比停车精度与二者差值的代数关系,判断任意门是否移动到可接受的位置处;

$\{L_j\}$——j号任意门基于任意门位置按照一定间距生成的代表任意门范围的数组;

$\{L_{j+1}\}$——$j+1$号任意门基于任意门位置按照一定间距生成的代表任意门范围的数组,通过对比生成的相邻任意门范围数组,判断相邻任意门之间是否存在间隙。

工作流程如下:

① 单组门体在获知全局控制器(车站级控制)下发的目标位置后,根据自身位置确定移动方向和移动距离。

② 在移动一定步长或周期性检测当前位置与目标位置的差值,并根据最新差值更新迭代移动位置和方向。

③ 不断重复以上过程,直至当前位置与目标位置重合(移动到目标位置)。

6.4　站台安全防护设备发展趋势

6.4.1　四网融合

2019 年,中共中央、国务院印发《交通强国建设纲要》,文中明确指出"到 2035 年,基本建成交通强国。基本形成'全国 123 出行交通圈'(都市区 1 小时通勤、城市群 2 小时通达、全国主要城市 3 小时覆盖)和'全球 123 快货物流圈'(国内 1 天送达、周边国家 2 天送达、全球主要城市 3 天送达),旅客联程运输便捷顺畅,货物多式联运高效经济"的发展目标。

2021 年,中共中央、11 国务院印发《国家综合立体交通网规划纲要》,首次明确推动不同制式轨道交通融合发展:"推动干线铁路、城际铁路、市域(郊)铁路融合建设,并做好与城市轨道交通衔接协调,构建运营管理和服务'一张网',实现设施互

联、票制互通、安检互认、信息共享、支付兼容。……加强铁路、公路客运枢纽及机场与城市公交网络系统有机整合,引导城市沿大容量公共交通廊道合理、有序发展。"

轨道交通"四网融合"是指通过推动干线铁路网、城际铁路网、市域(郊)铁路网、城市轨道交通网"四网融合",打造轨道上的城市群都市圈。"十四五"时期,我国将新增城际铁路和市域(郊)铁路运营里程 3 000 km,基本建成京津冀、长三角、粤港澳大湾区轨道交通网,新增城市轨道交通运营里程 3 000 km,提高轨道交通的连接性贯通性。

在四网融合发展趋势下,列车共线、跨线运行,网络化、公交化运营势必成为未来轨道交通的主要运营和客运组织模式,而站台门则面临着新的行业需求。

1. 公交化运营

当前城市轨道交通已采用公交化模式运营,乘客无需提前购票、身份验证,即到即走;随着部分城际铁路运营权移交当地地铁运营公司以及不同制式轨道交通的不断融合,公交化运营必将成为未来铁路的发展方向,而旅客在站台候车和换乘也会成为客运组织的主要模式,如何保障旅客候车和换乘安全,是站台安全防护系统首先需要解决的问题。

2. 多车型共线运行

我国高速铁路目前已面临多种车型共线运行、同站台停靠的工况,从业者也从增大门体开度、改变门体运行方向、采用新的结构形式等多个不同的方向探索站台门适应不同列车车型的解决方案。随着"四网融合"的步伐不断加快,同一站台需要停靠的列车车型会急剧增加,能够兼容各种不同列车车型同站台停靠,必将成为站台门至关重要的功能。

6.4.2 全自动运行

目前,城市轨道交通线路已朝着全自动运行方向发展。2017 年,《中国城市轨道交通全自动运行系统建设指南》正式颁布,其中明确了对站台门系统的几点要求:可靠性、可用性、可维护性和安全性(RAMS),对位隔离和间隙探测。当下,《城市轨道交通全自动运行系统通用技术条件》也在编制中。国内高速铁路目前主要基于CTCS＋ATO 系统实现自动化运行,佛肇线实现基于 CTCS2＋ATO 的全自动运行,京张高铁实现基于 CTCS3＋ATO 的全自动运行,站台门系统也基于该系统实现与列车门的联动控制。未来,高速铁路势必也会朝着全自动运行的方向发展,而站台门系统也面临新的机遇和挑战。

1．RAMS

在城市轨道交通全自动运行线路中,站台门控制单元的安全完整性等级应满足 SIL2 级要求,对其可靠性、可用性和可维护性都提出了具体可量化的指标要求,并引入第三方评估单位对站台门系统的 SIL 等级进行评估和认证(一般要求为 SIL2);部分线路也已经考虑通过故障诊断等智能运维手段,提升站台门系统的可维护性和可用性。

高速铁路的安全运营要求更高,未来随着高速铁路的全自动运行技术条件成熟,高速铁路站台门的 RAMS 要求势必也会更加具体,而通过智能运维手段提升系统可靠性和可维护性,也必将成为行业发展的趋势。

2．对位隔离

《中国城市轨道交通全自动运行系统建设指南》中针对站台门与列车门"对位隔离"的相关要求为:"全自动运行系统具有车门/滑动门故障隔离功能,当个别滑动门故障隔离时,站台门系统通过网络接口将故障信息传送至信号系统,信号系统将此信息转发至车辆,列车进站停稳后,发送命令打开车门及站台门,故障滑动门及对应的车门不打开;反之,当个别车门故障隔离时,列车进站停稳后,ATO 发送命令打开车门及站台门,故障车门及对应站台门不打开。"同时,还要求"单个站台门宜增加故障显示功能(包括对应车门的隔离信息显示),提示乘客绕行。站台门每个滑动门单元可设置语音播报装置,当滑动门对位隔离时,触发语音播报,提醒乘客此门故障,选择其他单元门乘车。"

对位隔离功能将站台门与列车门的联动控制精度提升到单组滑动门,是全自动运行线路中站台门必不可少的安全功能,能够避免单组列车门/滑动门出现故障后,乘客在不知情的情况下,发生乘降事故。

3．间隙探测

《中国城市轨道交通全自动运行系统建设指南》中针对间隙探测的要求为:"站台门/车门间隙探测与计算机连锁(CI)接口,信号系统通过此信息实现对站台门夹人夹物的防护与联动。同时站台门通过通信接口将此信息上传至 ATS,实现报警功能。"

高速铁路站台门多采用退台安装的形式,其站台门与列车之间的间隙范围更大(一般为 $1 \sim 1.2$ m 宽),间隙探测防护的要求更高。通过激光雷达、图像分析等技术手段相融合,取代当下的激光对射方案,提升间隙探测的可靠性和准确性,必将成为行业发展趋势。新的技术手段不仅能够输出"是否存在障碍物"的探测结果,还可以直接得到障碍物的实物图像和滞留位置,极大提升站-车间隙的安全性,为保障旅客候车安全和列车运营安全提供技术支撑。

6.4.3 多专业融合

1. 与旅服的融合

当前站台门系统已实现与旅客服务信息系统的融合,能够通过一体化设计,集成旅服系统的显示终端,可以实时显示车次、车厢、到发时间、空调强度等信息,为旅客乘降提供精准指引,同时可利用显示终端进行文化宣传和广告投放,为车站创造社会和经济效益。随着我国高速铁路的进一步发展,该种方式势必会有更加广泛的应用。

2. 与间隙探测的融合

当前部分厂家在每组站台门上设置有间隙探测装置,并将其探测结果实时反馈到站台门门控单元,门控单元将其探测结果作为能否关门和是否关门遇阻的依据,若在关门过程中探测到障碍物,则停止关闭站台门,防止站台门夹伤乘客;同时,在单组站台门未关闭的情况下,安全回路不会导通,防止列车出站,提高站台门开、关门的安全性。

6.5 本章小结

本章分析了高速铁路站台安全防护的研究现状、主要产品形式和未来发展趋势,针对不同形式的高速铁路站台门机械结构和控制方案进行了详细的介绍,并根据目前行业发展现状,对四网融合和全自动运行大背景下站台门的发展趋势进行了推测。

参考文献

[1] 魏耀南,王志飞,李樊,等.站台门自动开关控制方法、装置及系统:CN202211014214.5 [P].2023-10-08.

[2] 赵晗,尹恩华,李伯男.城市轨道交通站台门智能运维系统研究[J].都市快轨交通,2023,36(2):156-161.

[3] 陶世杰,占栋,苟建平,等.基于确定车型的站台门配置方法及站台门:CN202110646810 [P].2023-10-08.

[4] 马建军.多种车型智能同步联动的站台门控制系统[J].铁路计算机应用,2021,30(7):9-13.

[5] 魏耀南,阚庭明,郭浩波.城际铁路及高速铁路站台门系统无线监控设计[J].铁路计算机应用,2020,29(11):58-61.

[6] 雒慧心,刘辉,殷琴,等.一种基于机器视觉的高速铁路站台门监测防护方法及系统:CN202010211308.6[P].2023-10-08.

[7] 梁羽.基于京雄城际铁路对高铁站台门系统的应用研究[J].高铁速递,2020(3):61-62.

[8] 孙晓亮.高速铁路和城际铁路车站站台门设置必要性研究[J].工程建设与设计,2019(1):100-102.

[9] 匡燮鼐.既有城际铁路 CTCS-2 级列控系统上融合 ATO 的方案研究[D].北京:中国铁道科学研究院,2019.

[10] 铁信.日本开发升降式站台门[J].现代城市轨道交通,2014(3):103-103.

[11] 左艳芳,陈栋,李樊,等.一种升降站台门:CN201910112707.4[P].2023-10-08.

[12] 马威,张昱敏.信号与站台门联动一体化控制系统研究[J].中文科技期刊数据库(全文版)工程技术,2023(9):19-22.

[13] 中国铁道科学研究院集团有限公司电子计算技术研究所.城际铁路站台门系统:TB/T 3559—2020[S].北京:国家铁路局,2020-05-29.

[14] 钟岩.站台门系统在地铁运营中的常见问题及解决策略[J].现代城市轨道交通,2022(10):37-43.

[15] 张银龙,张琨,孙骥,等.一种适应多网融合的升降式套叠站台门系统:CN202210902660.3[P].2023-10-08.

[16] 丁亮明.城市轨道交通站台门安全控制设计解析[J].交通科技与管理,2020

(9):1-2.

[17] 邓勇,龚清林,王骁,等.轨道交通站台门智能运维系统设计[J].机电信息,2022(13):31-34.

[18] 戚建淮,刘航,崔宸,等.可移动式站台门和可移动式站台门系统:202220745813[P].2023-10-08.

[19] 左艳芳,李帅,魏耀南,等.列车站台门.CN202211015181.6[P].2023-10-08.

[20] 林耀,韩飞,戴晓彬,等.站台门防夹系统 3D 激光雷达检测法技术应用[J].铁道标准设计,2021,65(12):157-162.

[21] 胡振亚,石杰红.全自动运行的地铁站台门系统设计探讨[J].中国安全生产科学技术,2020,16(S01):4.

[22] 杨辉,张兴凯,于世杰,等.地铁站台门系统可靠性研究[J].城市轨道交通研究,2021(8):024.

[23] 汪琴.全自动驾驶模式下站台门智能安全监控系统研究[J].工业安全与环保,2020(2):59-62.